Monika Kallfass

Michael Ott von Echterdingen

(auch Michael Ott von Aechtertingen)

Feldherr der Artillerie unter Kaiser Maximilian I.

und Kaiser Karl V.

1479 Kirchheim/Teck-1532 Bad Wildbad

Biographie

Stuttgart, Deutschland, 2025

Inhaltsverzeichnis:

<u>Einleitung</u>

Dieses Buch über Michael Ott basiert auf den neuesten Erkenntnissen über das aufregende Leben und Wirken **des berühmtesten Artilleristen seiner Zeit in Europa: Michael Ott von Echterdingen, auch Michael Ott von Aechtertingen genannt.**

Ende des 16. Jahrhunderts etablierte sich im verstärkten Maße eine neue Kriegskunst: **die Artillerie.**

Der König und spätere Kaiser Maximilian I. förderte die Artillerie seines Reiches und baute das Zeughaus in Innsbruck zum größten Waffenarsenal in Europa aus.

Michael Ott flüchtete nach seiner Verurteilung in Tübingen und aufgrund seiner Urfehde 1503 aus dem Herzogtum Württemberg nach Innsbruck. Dort absolvierte Michael Ott im Zeughaus eine Ausbildung zum Zeugschreiber, Zeugwart (Aufseher über Material und Ausrüstung im Zeughaus) und schließlich zum Zeugmeister (Verwalter eines Zeughauses).

Unter Kaiser Maximilian I. stieg Michael Ott zum Oberstern Feldzeugmeister und Kriegsrat des Heiligen Römischen Reiches auf.

Abb.1 a: Schaumünze aus dem Jahr 1522: Avers zeigt das bärtige und barhäuptige Portrait von Michael Ott von Aechtertingen im Brustharnisch. Bronzeguss, Durchmesser: 61,2 mm, Gewicht 105,47 g. National Gallery of Art, Sammlung Samuel H. Kress, Washington, D.C. [1]

Michael Ott wurde von Kaiser Maximilian I. ca. 1514 geadelt und nannte sich von nun an Michael Ott von Echterdingen, obwohl er in Kirchheim unter Teck geboren wurde. Der Kaiser ernannte ihn 1511 zum Pfleger des strategisch wichtigen Schlosses (Festung) Sigmundskron an der Etsch, das am Einfallstor nach Italien liegt. Nach dem Tod Kaiser Maximilians I. (1519) behielt Michael Ott auch unter seinem Nachfolger Kaiser Karl V. weiterhin seine hohe Stellung als Oberster Feldzeugmeister des Heiligen Römischen Reiches inne. 1522 ließ Kaiser Karl V. zu Ehren von Michael Ott von Echterdingen eine Medaille prägen und würdigte damit dessen militärische Verdienste unter seinem Vorgänger und ihm.

Abb. 1 b: Schaumünze: Revers zeigt das Wappen des Michael Ott von Aechtertingen. Bronzeguss, Durchmesser 61,2 mm, Gewicht 105,47 g. National Gallery of Art, Sammlung H. Kress, Washington, D.C.

Die beiden Förderer von Michael Ott: Kaiser Maximilian I.
(1459-1519) und Kaiser Karl V. (1500-1558).

Abb. 2 a links: Kaiser Maximilian I., Albrecht Dürer (Kreis), nach 1504, Staatliche Museen zu Berlin, Preußischer Kulturbesitz, Berlin.

Abb. 2 b rechts: Kaiser Karl V., Tizian, 1548, Alte Pinakothek, München.

1. Karriere im Heiligen Römischen Reich

1.01 Kanzleischreiber am Stuttgarter Hof 1498

Um als Oberster Feldzeugmeister des Heiligen Römischen Reiches aufzusteigen, bedurfte es einiger Voraussetzungen. Michael Ott erlernte die deutsche Sprache in Wort und Schrift, zudem beherrschte er Latein. In der damaligen Zeit war Latein ein wichtiges Kommunikationsmittel der Oberschicht, des Adels sowie der Gelehrten. Höchstwahrscheinlich hatte Michael Ott eine höfische Erziehung genossen sowie bereits einige militärische Erfahrungen gesammelt, als er um 1498 als „Jungschreiber" an den Stuttgarter Hof kam.

Abb. 3: Lustgarten in Stuttgart. Im Hintergrund die runden Türme des Alten Schlosses, die Stiftskirche und das Neue Lusthaus. Matthias Merian, 1624, Radierung.

1.02 Verhaftung bei Tübingen 1503

Michael Ott wurde 1503 bei Tübingen verhaftet und verurteilt, weil er und seine Vettern, die Gebrüder Peter und Michel Schott, dem auf der Festung Hohenurach inhaftierten Doctor Conrad Holzinger Nachrichten, zukommen ließen. Conrad Holzinger war der ehemalige Kanzler des 1498 durch König Maximilian I. abgesetzten Herzogs Eberhard II. von Württemberg. Die Verhaftung von Doctor Conrad Holzinger war eine hochbrisante, politische Angelegenheit. Damals erlaubte die Obrigkeit nur Verwandten, Briefe an einen Inhaftierten zu schreiben. Michael Ott hielt man wegen dieses Vergehens mehrere Monate in einem Turm von Schloss Hohentübingen gefangen. Ott und seine Vettern wurden hart bestraft. Michael Ott wurde nach Bezahlung einer Atzung (Kostgeld) begnadigt, entlassen und musste die Urfehde schwören. Ferner zwang man Michael Ott, innerhalb von zehn Tagen das Herzogtum Württemberg zu verlassen. Ohne Erlaubnis durfte er nicht zurückzukehren.

In seiner Urfehde steht als Ortsangabe nicht „von Stuttgart", wo er als Kanzleiangestellter um 1500 arbeitete, sondern explizit **„von Kirchheim unter Teck" d.h. Michael Ott wurde in Kirchheim geboren.** Kirchheim unter Teck wird als Ortsangabe genannt und nicht das 35 km entfernte Stuttgart oder etwa das vor Stuttgart liegende Dorf Echterdingen. Als Kanzleischreiber am Stuttgarter Hof hätte Michael Ott nicht täglich, höchstens nur wöchentlich diese Entfernung mit dem Pferd von Kirchheim nach Stuttgart zurücklegen können (schlechte Straßenverhältnisse, keine Beleuchtung außerhalb der Stadt).

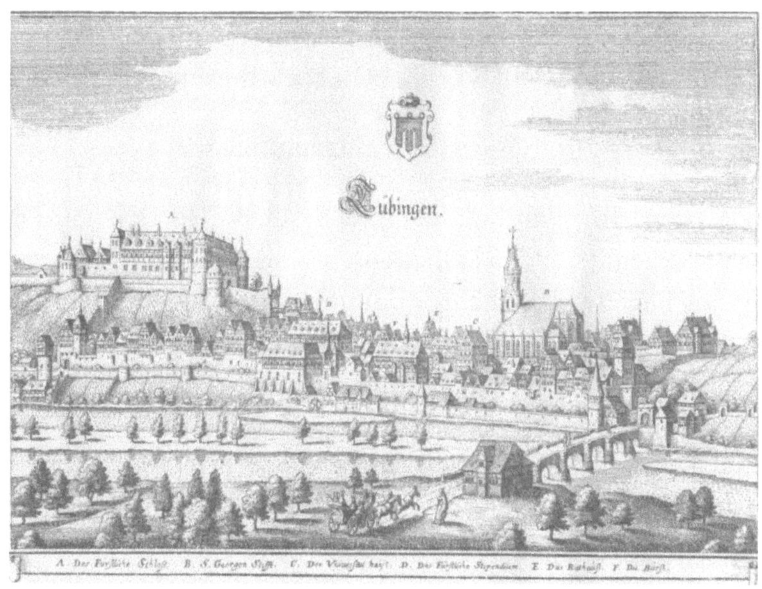

Abb. 4: Tübingen von Süden im Jahr 1643. Ansicht von Schloss Hohentübingen und Stadt. Matthias Merian d. Ä., (1563-1650), Kupferstich, Eberhard-Karls-Universität, Tübingen.

In den Urfehdebriefen seiner Vettern, die ebenfalls verurteilt wurden, steht geschrieben: Peter Schott aus Grabenstetten und Michel Schott aus Unterlenningen. Peter Schott war Mitglied der Wachmannschaft auf Schloss Hohenurach. Im Haus des Peter Schott in Urach schrieb Michael Ott die verhängnisvollen Nachrichten an den gefangenen Doctor Conrad Holzinger. Peter Schott steckte dem gefangenen Holzinger die Briefe heimlich zu. Schott wohnte in einem Haus in Urach, somit kann Urach als sein Wohnsitz betrachtet werden. In Peter Schotts Urfehdebrief steht jedoch Grabenstetten. Was auch sein Geburtsort war [2]. Der junge Herzog Ulrich von Württemberg war Michael Ott trotz seiner Verurteilung in Tübingen und der Aufforderung Württemberg sofort zu verlassen, dennoch wohl gesonnen. Mit einem Empfehlungsbrief des Herzogs ging Michael Ott nach Innsbruck.

1.03 Aufstieg zum Obersten Feldzeugmeister

Ende des 16. Jahrhunderts fand eine Umwälzung im Heereswesen statt. Hauptkämpfer waren von nun an angeworbene Landsknechte mit ihren langen Spießen, die sich in einem waffenstarrenden Viereck aufstellten. An den Flanken und der Front standen Schützen mit Hand- und Hakenbüchsen und für den Flankenangriff die Reiterei. Dann etablierte sich in verstärktem Maße die neue Kriegskunst: **die Artillerie.** Der König und spätere Kaiser Maximilian förderte die Artillerie seines Reiches. Er konzentrierte die Produktionsstätten für seine Kanonen in Tirol. König Maximilian legte Arsenale (Zeughäuser) und Gießereien an. Das Zeughaus in Innsbruck konnte innerhalb kurzer Zeit 10 000 Männer für einen Feldzug mit Waffen ausrüsten.

Das Zeughaus in Lindau wurde gegen die Eidgenossen ausgerüstet, Breisach gegen einen französischen Angriff, Sigmundskron bei Bozen, Trient, Görz und Verona gegen die Republik Venedig und Frankreich sowie Osterwitz, Graz und Wien gegen die Osmanen.

Typ	Gewicht (t)	Munition (kg)	Wagen	Pferde	Besatzung
Scharfmetze	5	50	32	163	48
Nachtigall	3	25	13	88	26
Singerin	2	10	7	41	12

Große Kartaune	1,5	8	6	27	8
Kleine Kartaune	1,25	5	2	16	5
Falkonett	0,75	1		3	

Abb. 5: Die Artillerie unter Kaiser Maximilian, Landsknechte 1486-1560
Siegler Verlag GmbH, Sankt Augustin [7]

Unter König Maximilian und Michael Ott erfolgte eine handwerkliche Verbesserung der Gießmethode durch gemauerte Flammöfen. Es folgte eine Einteilung der Geschütze in bestimmte Typen von gleichem Kaliber, Verwendung von Eisenkugeln ab dem Jahr 1515 und die Organisation zu einer eigenen Waffengattung. Es wurden kleinere Geschütze hergestellt, sodass sie beweglicher im Kriegseinsatz waren. Die Bedienung der Geschütze war damals nicht die Aufgabe von Landsknechten, vielmehr wurden damit die Büchsenmeister, Schlangenschützen und Feuerwerker betraut. Büchsenmeister waren in einer Zunft zusammengeschlossen. Ihr handwerkliches Wissen hielten sie jedoch meist geheim. Stand ein Krieg bevor, wurden sie angeworben. Im Gegensatz zu den anderen Gattungen des Heeres konnten in der Artillerie auch Bürgerliche aufsteigen. Mit den neuen, mauerbrechenden Kanonen gelang es, die Burgen und Schlösser der adligen Raubritter und Schnapphähne zu zerstören.

Im Mittelalter verstand man militärtechnisch gesehen unter Zeug einen Ausdruck für Rüstung und später für große Geschütze mit ihrem Zubehör. Im Zeughaus in Innsbruck, der größten Waffenkammer Europas, durchlief Michael Ott eine Ausbildung zum Zeugschreiber, Zeugwart (Aufseher im Zeughaus). Dann stieg er zum Zeugmeister (Verwalter eines Zeughauses) auf. Michael Ott hatte für die Ergänzung des Kriegsmaterials zu sorgen und den Nachschub zu organisieren. Er musste sich auch um die Anwerbung der Büchsenmeister kümmern. Als Oberster Feldzeugmeister hatte er den Rang eines Feldmarschalls inne. Nach einer Schlacht hatte der Feldzeugmeister den alleinigen Zugriff auf alle Artilleriewaffen und Munition, die noch intakt waren. Ebenso standen ihm alle verbleibenden Rüstungen und Waffen der Besiegten zu. Allerdings musste er ein Drittel seiner Beute an seinen Kriegsherrn übergeben.

Abb. 6: Zeughaus in Innsbruck, Innenansicht des Zeughauses mit Kanonen, Jörg Kölderer, 1507, Bildarchiv der Österreichischen Nationalbibliothek, (Cod. 10816 fol. 2v-3r), Wien.

Die weltberühmten Zeugbücher Kaiser Maximilians

Im Auftrag von König Maximilian fertigte der Hofmaler Jörg Kölderer (1465-1540) unter dem Obersten Hauszeugmeister in Innsbruck Bartholomäus Freysleben und seines Nachfolgers Michael Ott von Echterdingen ein Verzeichnis von Waffen- und Ausrüstungsgegenständen der verschiedenen Zeughäuser des Heiligen Römischen Reiches an. Diese Prachtbände dienten nicht nur Verwaltungszwecken, sondern um auch die Stärke der militärischen Macht des Königs zu demonstrieren. Einige der Zeugbücher sind reich illustriert und manche sogar mit Versen ergänzt. Städte wie z. B. Trient, Graz oder Steyr wurden darin aufgelistet, welche und wie viele Geschütze und Armbrüste für einen Verteidigungsfall der Stadt zur Verfügung standen.

1.04 Bayerisch-pfälzischer Erbfolgekrieg 1504-1505

Beim bayerisch-pfälzischen Krieg ging es um das Erbe des schwerreichen Herzog Georg von Bayern-Landshut. Seine Tochter Elisabeth, die der Herzog als Universalerbin einsetzte, war mit Ruprecht, dem Sohn des Pfalzgrafen Philipp verheiratet. Nach dem Tod von Herzog Georg im Jahr 1503 kam es zum Streit um das Erbe. Laut Wittelsbacher Hausvertrag fielen beim Aussterben der männlichen Linie die Besitzungen an die jeweils andere Linie d.h. in diesem Fall an Bayern-München und nicht an die Pfälzer. Albrecht IV. von Bayern-München pochte auf die Einhaltung der Erbfolge und so kam es zum Krieg zwischen den Bayern und den Pfälzern. König Maximilian unterstützte Herzog Albrecht von Bayern-München in diesem Streit.

Abb. 7: Belagerung Kufsteins durch kaiserliche Truppen im Oktober 1504. Maler unbekannt, 16. Jahrhundert, aus Fugger–Jäger, Bildarchiv der Österreichischen Nationalbibliothek (Cod. 8514), Wien.

Während des Krieges übergab der Festungskommandant von Kufstein, Hans von Pienzenau kampflos die Feste Kufstein den Pfälzern. Erbost zog König Maximilian mit seinen Truppen nach Kufstein. Er ließ die Festung mit Kanonen beschießen, doch ohne Erfolg. Dann ordnete der König an, die schweren Geschütze „Purlepaus" und „Weckauf" vom Innsbrucker Zeughaus auf dem Inn nach Kufstein zu transportieren. Im Zeughaus war man über die Forderungen des Königs besorgt. Steinkugeln für die Riesengeschütze konnten nur in geringer Anzahl in Rattenberg ausfindig gemacht werden. Schnell wurden in Mühlau (bei Innsbruck) noch Eisenkugeln gegossen. Dann tauchte ein neues Problem auf. Zu allem Überdruss waren keine Pferde aufzutreiben, um die Geschütze vom Zeughaus zum Inn zu transportieren. Für ein einzelnes Geschütz waren immerhin 32 Pferde notwendig. Die Kanzlei in Innsbruck bat schließlich Markgraf Albrecht von Brandenburg um Hilfe. Dieser schickte genügend Pferde direkt zum Zeughaus. Pferde wurden auch dringend benötigt, um Schiffe mit den schweren Geschützen und dem Proviant am Ufer des Inns entlang stromaufwärts nach Kufstein zu ziehen. Michael Ott wurde vom König nach Kufstein beordert [4]. Die Festung Kufstein fiel nach Beschuss durch die schweren Geschütze. In der Nacht vom 17. auf den 18. Oktober 1504 ergab sich Hans von Pienzenau bedingungslos mit seiner gesamten Besatzung dem König. Maximilian gewährte dem Feind keine Gnade und ließ viele Pfälzer Adlige so auch Hans von Pienzenau, als Verräter außerhalb der Stadt auf einem Feld durch den Henker hinrichten (Kufsteiner Blutgericht). Dieses unerbittliche Vor-gehen des Königs gegen die pfälzischen Adligen erregte Aufsehen im ganzen Reich, da es nicht üblich war, adelige Standesgenossen durch das Schwert zu richten.

1.05 Nennung als Zahlschreiber 1505 bei diversen Aktivitäten

Im Jahr 1505 war Michael Ott im Heiligen Römischen Reich als Zahlschreiber unterwegs d.h. er wurde mit der Einnahme von Geld und deren Rechnungsprüfung darüber betraut. Die Hofkammer in Innsbruck befahl Michael Ott am 6. September 1505 von Brüssel aus nach Frankfurt/Main zu reisen, um dort von der Augsburger Kaufmannsfamilie Höchstetter 2500 Rheinische Gulden (heutiger Wert ca. 830 000 €) abzuholen, die diese von Leonhard von Gundelfingen erhalten hatte.

Hofmeister Graf Eitel Friedrich II. von Zollern hielt sich in Köln auf und befand sich in einer finanziellen Notlage. Der Graf schickte seinen Diener Hans von Stadion zur Hofkammer nach Innsbruck und bat um Geld. Der Adlige hatte schon sein Tafel Silber versetzen müssen, um einige Wirte wenigstens teilweise bezahlen zu können. Der Graf von Zollern hatte die Absicht heimzureiten, besaß aber nur noch 40 Rheinische Gulden Zehrgeld für die Reise. Er hoffte, dass die Hofkammer ihm durch Michael Ott 600 Rheinische Gulden schicken würde, damit er wenigstens seine Pferde auslösen konnte (21. September 1505).

Die Hofkammer befahl der Stadt Frankfurt, von den 2500 Rheinischen Gulden, welche das Bankhaus Höchstetter dort hinterlegt hatte, Michael Ott 2200 Rheinische Gulden sowie 100 Rheinische Gulden der Stadt Worms für den Probst von Stuttgart auszuhändigen. Ott wurden am 4. Oktober die 2200 Rheinische Gulden von dem Frankfurter Bürgermeister ausbezahlt. Er reiste auf einem Schiff nach Mainz weiter. Hier übergab er Urbano de Serralonga und Doctor Jakob Radkersburger 160 Rheinische Gulden Zehrgeld für eine Reise nach Ungarn. Am 5. Oktober setzte Ott seine Reise mit dem Schiff nach Koblenz fort. Dort zahlte er auf Befehl der Hofkammer den hier versammelten Reitern den Monatssold aus. Antonius von Roß (de Caballis) erhielt von Ott 4 Rheinische Gulden damit er eine Bittschrift der Reiter überbrachte. Von den 2200 Rheinischen Gulden hatte Ott insgesamt 780 Rheinische Gulden, 17 Albus und 10 Heller ausgegeben lt. Rechnungsbeleg vom 7. Oktober 1505.

1.06 Der große Krieg gegen die Republik Venedig 1508-1516

Zur Machterhaltung waren die Herrscher der Republik Venedig bestrebt, große Gebiete des von ihnen eroberten italienischen Festlands (Terraferma) zu verteidigen. Diese Gebiete im östlichen Oberitalien weckten jedoch immer wieder die Begehrlichkeiten der Habsburger und der Franzosen.

König Maximilian hatte den Wunsch, wie Karl der Große und alle nachfolgenden Kaiser, sich in Rom zum Römischen Kaiser krönen zu lassen. Die Republik Venedig erlaubte König Maximilian nicht, mit seinen Truppen durch venezianisches Herrschaftsgebiet bis nach Rom zu ziehen. So nannte Maximilian seinen Heerzug eine „fromme Kirchfahrt" und ließ sich schließlich im Dom zu Trient von Fürstbischof Matthäus Lang am 4. Februar 1508 zum „Erwählten Römischen Kaiser" krönen. Ott nahm an den Krönungsfeierlichkeiten in Trient teil. Am 2. März 1508 wurde das kaiserliche Heer von Venedig und seinen Verbündeten vernichtend geschlagen. Anschließend eroberten die Venezianer die Orte Götz, Triest und Fiume. Michael Ott hatte an diesen Kampfhandlungen teilgenommen, denn er schrieb am 1. Februar 1528 an Erzherzog Ferdinand I. bei dem es um Soldrückstände geht, dass er auch am „venedischen Krieg am Stein und der Trienndt…. In harten belegerungen gewesen" [4]. Überliefert ist, dass sich Michael Ott und drei seiner Mitstreiter 1508 in Innsbruck bei der Raitkammer (Finanzbehörde Kaiser Maximilians in Tirol) aus Italien zurückmeldeten.

Abb. 8: Der Doge Leonardo Loredan (1436-1521), Bild nach 1501 Giovanni Bellini, National Gallery, London.

Am Ende des Krieges geriet Michael Ott im Juni 1516 in Gefangenschaft und musste eine harte Kerkerhaft erdulden, aus der er sich auslösen konnte. Spätestens im November 1516 kehrte Michael Ott wieder zurück nach Innsbruck. Im selben Jahr endete auch der große Krieg gegen die Republik Venedig.

1.07 Die Eroberung der Burg Hohenkrähen im Hegau im Jahr 1512

1495 verkündigte König Maximilian den „Ewigen Landfrieden" und damit das unbefristete Verbot des mittelalterlichen Fehderechts.

Im Jahr 1512 machten eine Horde rauflustiger Gesellen unter Christoph Hauser (Haußner) sowie einige andere Männer aus dem Adel den Hegau unsicher. Nach ihren Raubzügen suchten die Schnapphähne mit ihrer Beute und diversen Gefangenen auf der Burg Hohenkrähen des Grafen Hans Benedikt Ernst von Friedingen Unterschlupf. Der Adlige auf

dem Hohen-krähen verdiente als Fehdeführer kräftig an den Lösegeldzahlungen der Entführten mit. Hauser hatte die Absicht, die reiche Margaretha Kreßling aus Kaufbeuren zu heiraten. Der Vater des Mädchens lehnte die Hochzeit ab. Hauser suchte in dieser Angelegenheit Unterstützung bei seinem Freund, dem Grafen von Friedingen. Christoph Hauser führte immer wieder mit Hilfe des Grafen Überfälle und Entführungen durch. Unter ihnen waren Kaufbeurer Händler, so auch der zukünftige Schwiegervater der Margaretha Kreßling. Hauser brachte die Kaufbeurer Gefangenen auf die Burg Hohenkrähen. Der Graf von Friedingen verlangte Lösegeld für die Kaufbeurer Geiseln.

Abb. 9: Burg und Herrschaft Hohenkrähen im Hegau. Bayerische Staatsbibliothek, München, Cgm 896, fol. 261a recto.

Die Stadt Kaufbeuren weigerte sich zu zahlen. Daraufhin erklärte der Graf von Friedingen der freien Reichsstadt Kaufbeuren die Fehde. König Maximilian war über diese Fehde erzürnt, weil der „Ewige Landfrieden" in seinem Reich nicht eingehalten wurde. Der Herrscher beauftragte auf dem Bundestag in Augsburg den Schwäbischen Bund mit einer Strafaktion gegen den Grafen von Friedingen, um in seinem Reich Ordnung wieder herzustellen.

Auf Schloss Sigmundskron erhielt Michael Ott den Befehl, sich sofort zum Sammelpunkt des Schwäbischen Bundes nach Radolfzell an den Bodensee aufzumachen. Der Hohenkrähen ist 644 m ü. NN hoch und der steilste Vulkankegel im Hegau. Mit einem Reiterheer oder mit Landsknechten wäre die Burg Hohenkrähen nicht zu erobern gewesen, sondern nur mit großen Kanonen (Abb.9). Michael Ott zog mit dem Schwäbischen Bund vor die Burg. Diese bestand am Fuß des Hohenkrähen aus einer Vorburg mit Meierei, Bad und Ställen. Von hier führte ein steiler Weg nach oben zur Mittelburg. Auf dem Bergplateau des erloschenen Vulkans thronte die Oberburg mit den Wohnräumen der Adligen sowie eine Kirche, die Pfisterei (Bäckerei), die Schmiede und eine Zisterne. Michael Ott hatte die Artillerie des Bundes mit zehn Geschützen unter sich wie die Scharfmetze, der Weckauf, der Purlepaus, die Singerin, das Turmkäuzlein, die Herzog Sigismund und das Ketterlin. Mit ihnen beschoss er die Burg. Ott gelang es schließlich, eine Bresche in die Burgmauer zu schießen, hinter der sich die Pfisterei und die Zisterne befanden. Es gab eine gewaltige Explosion (Mehlstaubexplosion). Auf der Burg Hohenkrähen brach Feuer aus. Der Graf von Friedingen seilte sich ab und floh nachts nach Straßburg. Die letzten Getreuen des Grafen ergaben sich am

12. November 1512. Die Burg brannte aus und ihre Mauern wurden geschleift.

1.08 Die Sporenschlacht bei Guinegate 1513

Abb. 10: König Heinrich VIII. von England (1491-1547). Hans Holbein d.J., Walker Gallery, Liverpool.

Der junge englische König, Heinrich VIII. segelte mit 400 Schiffen von Dover in die damals englische Stadt Calais. In der Normandie trafen sich das englische Heer und das Reichsheer unter Kaiser Maximilian. In seinem Gefolge war auch Michael Ott. Bei einer Audienz wurde Michael Ott dem englischen König Heinrich vorgestellt. Die beiden Heere zogen gemeinsam gegen den französischen König Ludwig XII. in den Krieg. Die Stadt Thérouanne wurde belagert. Ein französisches Heer wollte der Stadt zu Hilfe eilen. Der Kaiser ließ Ott die schweren Geschütze nahe dem Städtchen Guinegate auf einer Anhöhe aufstellen. Als die französische Reiterei anrückte, wurde der Befehl zum Abschuss der Kanonenkugeln gegeben. Daraufhin gaben die Franzosen ihren Pferden die Sporen und flohen. Die gut befestigte Stadt Thérouanne wurde daraufhin von den Belagerern eingenommen.

1.09 Die Eroberung der Burg Hohenasperg 1519

Am 7. April 1519 erschien ein Teil des bündischen Heeres vor Markgröningen. Die Stadt hielt sich nur einen Tag. Nach einigen Tagen rückte der Schwäbische Bund bis zum Hohenasperg vor. Auf dem Weg zur Landesfestung steckte das Heer mehrere Orte in Brand und terrorisierte die Bevölkerung. Der größte Teil der Soldaten lag bei Tamm, Pflugfelden und Möglingen. Kurz vor seiner Ankunft sandte Georg von Frundsberg an Hans Lienhard von Reischach, dem Kommandanten auf dem Hohenasperg, einen Aufruf zur Kapitulation. Entrüstet lehnte Reischach das Ansinnen ab.

Einige Zeit später traf Michael Ott mit seinen schweren Geschützen vor dem Hohenasperg ein. Mit Georg von Frundsberg entwarf er einen Belagerungsplan. Daraufhin begannen Männer mit den Schanzarbeiten in der nahen Umgebung des Hohenaspergs, so dass Frundsberg und Ott am 16. Mai 1519 mit der Beschießung der Feste beginnen konnten. Ott gelang es, mit seinen Geschützen eine breite Bresche in die Festungsmauer zu schlagen, jedoch verhinderten der steile Hang und der Schlossgraben eine Erstürmung der Festungsanlage. Es kam zu einem großen Unglück, als drei Geschütze des Bundes wegen Überladung zersprangen. Ott traf ein Kugelsplitter in den rechten Steigbügel, sodass ihm die Schuhsohle weggerissen wurde, ohne dass jedoch sein Fuß verletzt wurde.

Abb. 11: Herzog Ulrich von Württemberg und Teck (1487-1550), Hans Brosamer,1545 / Staatliche Kunstsammlungen, Kupferstich-Kabinett, Dresden.

Am 23. Mai 1519 fiel das Örtchen Asperg in die Hände der Belagerer. Im Möglinger Gasthaus „Zum Lamm" erwartete Michael Ott eine freudige Überraschung. An Frundsbergs Tisch saßen drei Bekannte aus Nürnberg. Herzlich begrüßte Ott den Humanisten Willibald Pirckheimer, den reichen Kaufmann Martin Tucher und den Maler und Kupferstecher Albrecht Dürer. Michael Ott und Albrecht Dürer verband, dass sie sich beide für das Befestigungswesen interessierten. Während des Beschusses der Landesfestung zeichnete Albrecht Dürer eine Skizze (Abb.12). Am 24. Mai 1519 einigten sich Georg von Frundsberg und Hans von Reischach auf einen Waffenstillstand. Damit waren für Michael Ott der Artilleriebeschuss und die Belagerung des Hohenaspergs beendet.

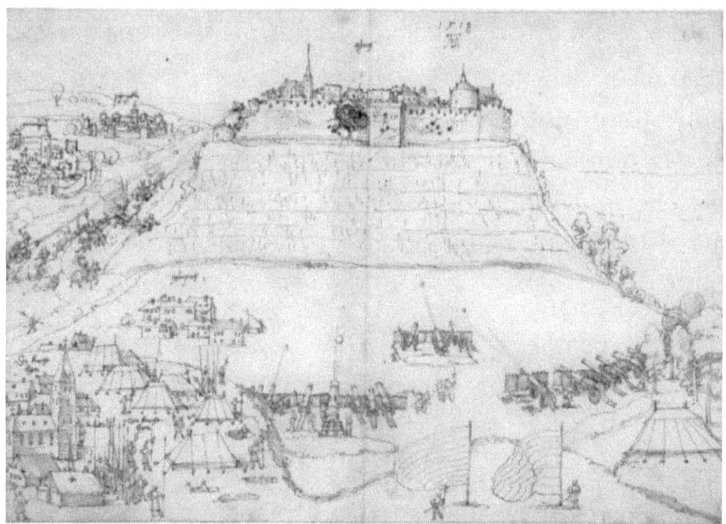

Abb. 12: Beschuss der Burg Hohenasperg (bei Ludwigsburg) 1519 durch den Schwäbischen Bund im Krieg gegen Herzog Ulrich von Württemberg und Teck; im Vordergrund Feldlager und Geschütze bei Möglingen, im Hintergrund die Städte Markgröningen und Bietigheim, Albrecht Dürer, Kupferstichkabinett, (bpk), Berlin.

1.10 Krönung Karl V. in Aachen 1520, der Reichstag zu Worms 1521

Der Tod Kaiser Maximilians im Jahr 1519 in Wels brachte Michael Ott in eine unsichere Lage. Er fragte sich: Wer wird der Nachfolger Maximilians? Würde er unter einem neuen Kaiser seine Ämter als Oberster Feldzeugmeister und Kriegsrat behalten? Kaiser Maximilian hatte noch Schulden bei ihm und es war ungewiss, ob diese jemals beglichen würden. Es bewarben sich drei Anwärter auf den Kaiserthron des Heiligen Römischen Reiches Deutscher Nation: der französische König Franz I. und der spanische König Karl, (ein Enkel Kaiser Maximilians) sowie als Außenseiter der englische König Heinrich VIII. Nachdem hohe Bestechungsgelder mit Hilfe des Bankhauses Fugger geflossen waren, stand der Wahl des spanischen Königs nichts mehr im Wege. In Abwesenheit wurde der Spanier Karl von den Kurfürsten in Frankfurt am Main gewählt. Am 23. Oktober 1520 fand die feierliche Krönung Karls des V. zum deutschen König und Römischen Kaiser im Aachener Dom statt. Auch Michael Ott von Echterdingen nahm an den Krönungsfeierlichkeiten in Aachen teil.

Am 28. November 1521 tagte der Reichstag in Worms. Ott reiste zusammen mit Kaiser Karl V. und dessen Bruder, Erzherzog Ferdinand I. mit dem Schiff auf dem Rhein nach Worms. Die Fürsten und Reichsstände erschienen fast vollständig. Am 21. Januar 1521 eröffnete der junge Kaiser nach einem Gottesdienst im Kaiserdom St. Peter den Reichstag zu Worms. Wichtige Verhandlungspunkte waren insbesondere Rechts- und Steuerfragen, so auch die Errichtung eines Reichsregiments, das den Kaiser in Abwesenheit vertreten sollte.

Michael Ott interessierte besonders das Auftreten Martin Luthers auf dem Reichstag. Ihm war wohl bekannt, dass Luther nach dem Anschlag der 95 Thesen am 31. Oktober in Wittenberg und der öffentlichen Verbrennung der Bannbulle „Exsurge Domine", die sich gegen seine Lehren bezog, vom Papst in der zweiten Bulle „Decet Romanum Pontificiem" am 31. Januar 1521 exkommuniziert wurde. Damit war Luther praktisch zum Ketzer erklärt worden. Der Kirchenbann zog auch die weltliche Reichsacht mit sich. Dem jungen Kaiser war in seinem Reich die Stimmung zugunsten Luthers bekannt und auch viele Fürsten sympathisierten mit Luther - und Karl V. war auf sie angewiesen. Michael Ott war bewusst, dass die Luther freundlichen gesinnten Fürsten die Macht des Papstes im Reich schwächen wollte. Ihm waren viele Sympathisanten Luthers bekannt, wie der Dichterfürst Ulrich von Hutten und der Reichsritter Franz von Sickingen sowie andere hochgestellte Persönlichkeiten. Mit seinen Standesgenossen hatte Ott wahrscheinlich ausführlich über die notwendigen Reformen von Kirche und Staat diskutiert. Er schloss sich dem Gedanken Ulrich von Huttens an, der den Einfluss der Kurie im Reich zugunsten der Nationalkirche zurückdrängen wollte. Mit Sorge betrachteten die Fürsten, dass ein Drittel des Reiches bereits der katholischen Kirche gehörte. Die, Luther freundlich gesinnten Fürsten, unterstützten die neue Lehre. Sie erhofften sich durch eine Reform u.a. an das Vermögen der Klöster und der Kirchenschätze zu kommen und diese für ihre eigenen Staaten einzuziehen. Otts Augenmerk war jedoch auch auf die Verteidigung des Reiches gerichtet, besonders gegen die Osmanen. Dazu musste aber zuerst eine finanzielle Grundlage geschaffen werden. Mit dem Geld der Kirche strebte Ott eine Reichskasse und die Bezahlung eines schlagkräftigen Reichsheeres an.

Noch während des Reichstags in Worms kommandierte der Kaiser Michael Ott nach Tournai ab, das von den Franzosen zurückerobert werden sollte. Die alte Königstadt Tournai liegt an dem Fluss Schelde und war gut befestigt. Ott brachte seine Artillerie vor der Stadt in Stellung.

Es war für Otts Artillerie schwer, Breschen in die Stadtmauer zu schießen. Die Steinkugeln prallten an der gut befestigten Stadt wie Schneebälle ab. Das Hochwasser der Schelde und ein heftig einsetzender Regen hinderten ein französisches Heer daran, Tournai zu Hilfe zu kommen. Nach drei Monaten gab Tournai am 1. Dezember 1521 endlich auf. Die Stadt gehörte wieder zum Heiligen Römischen Reich. Vor dem Abzug wurde Ott zum Kaiser bestellt. Karl V. äußerte sich anerkennend über seine Arbeit. Ott blieb auch unter Kaiser Karl V. weiterhin Oberster Feldzeugmeister und Kriegsrat des Heiligen Römischen Reiches mit einem Sold von 1400 Gulden im Jahr.

1.11 Tod des Reichsritters Franz von Sickingen 1523

Michael Ott von Echterdingen kannte den Reichsritter Franz von Sickingen von gemeinsamen Kriegszügen gut. Franz von Sickingen galt als ein glühender Anhänger Martin Luthers und er setzte sich wie der Humanist Hans von Hutten für eine Stärkung der Nationalkirche ein. Auf der Ebernburg des Franz von Sickingen wurden zum ersten Mal Gottesdienste nach „Lutherart" abgehalten und die Abendmahlsfeiern mit Kommunion unter beiderlei Gestalt (nach katholischem Ritus und Gottesdienste nach Martin Luther in deutscher Sprache durchgeführt). Der Kirche und dem Papst war dies ein Dorn im Auge. Ein Drittel des Reiches gehörte bereits der katholischen Kirche. Starb ein Kirchenfürst, wurde sein Herrschaftsgebiet nicht wie bei weltlichen Fürsten unter dessen Erben aufgeteilt. Durch eine Säkularisierung strebte Franz von Sickingen eine Entmachtung der Kirchenfürsten an. Mit dem durch den Verkauf oder der Nutzung der kirchlichen Besitztümer gewonnenen Geld wollte Michael Ott von Echterdingen ein schlagkräftiges Heer, die sogenannte „eilige Türkenwehr" gegen die Osmanen finanzieren.

Franz von Sickingen war Anführer des niederen Adels. Später führte er Überfälle auf Kaufleute mit Lösegeldforderungen durch und zettelte fadenscheinige Fehden gegen die Städte Straßburg, Köln und Trier und insbesondere gegen die Stadt Worms an. Dadurch wurde Franz von Sickingen vom edlen Reichsritter zum Raubritter, Fehdeführer und Friedensbrecher und hatte sich damit mächtige Feinde gemacht: den Trierer Kurfürsten Richard von Greiffenklau, Landgraf Phillip von Hessen und seinen Dienstherren, den Pfalzgrafen Ludwig V. bei Rhein. Sie verbündeten sich gegen Franz von Sickingen und belagerten seine zweite Burg Nanstein bei Landshut. Beim Beschuss der Burg wurde Franz von Sickingen tödlich getroffen.

Abb. 13: Reichsritter Franz von Sickingen (1481-1523), aus dem Buch: Zweihundert deutsche Männer in Bildnissen und Lebensbeschreibungen, Ludwig Bechstein, Leipzig 1854.

Nach der Eroberung der Burg Nanstein fielen den drei Fürsten Listen mit Unterstützern in die Hände. Anhand dieser Aufzeichnungen verfolgten die Sieger nun die Anhänger Sickingens und bestraften sie hart. Michael Ott von

Echterdingen wurde in einer dieser Listen als Nr. 31 aufgeführt: Michel Ott, des Kaisers Zeugmeister, dabei gewesen. Als Oberster Zeugmeister des Reichs wurde er nicht belangt.

Der Schwäbische Bund rückte unter Georg Truchsess von Waldburg-Zeil mit Michael Ott gegen den aufsässigen Adel in Franken vor und eroberte über zwanzig Raubritternester wie die Burgen der Familien Absberg, Rosenberg, Thüningen usw. und zog die Güter dieser Familien ein. Nähere Angaben über den Kriegszug und die Eroberungen der Burgen sind nicht überliefert.

1.12 Bauernaufstand in Württemberg 1525

Am Ostersonntag des Jahres 1525 wurde die Burg Weinsberg vom Neckar-Odenwälder Bauernhaufen innerhalb einer Stunde erobert und geplündert. Dann marschierte der Bauernhaufen unter Führung von Georg Metzler und Jäcklein (Jakob) Rohrbach auf die Stadt Weinsberg zu. Während des Gottesdienstes am Ostersonntag standen 6000 bis 8000 Bauern vor den Toren der Stadt. Viele Adlige, so auch Ludwig von Helfenstein, der nicht nur Kommandant auf Burg Weinsberg war, sondern aller württembergischen Festungen, versuchte sich, auf den Kirchturm zu retten. Dieser entpuppte sich jedoch als Falle. Die Bauern stürmten die Kirche und führten die Adligen mit Stricken gebunden auf einen Acker außerhalb der Stadt. Jäcklein Rohrbach hielt eine Rede und forderte, dass die Adligen durch die Spieße laufen müssten. Die Bauern bildeten zwei Reihen und hielten drohend ihre Spieße in die Höhe. Der Pfeifer und Stadtmusikant aus Ilsfeld, Melchior Nonnenmacher, der von Graf Ludwig von Helfenstein aus dessen Dienste selbstverschuldet entlassen worden war, rief, dass er dem Grafen lange genug zum Tanz und zur Tafel aufgespielt hätte. Jetzt wolle er dem Grafen zum rechten Tanz aufspielen. Nonnenmacher trat vor den Grafen und blies lustig die Pfeife bis zur Gasse. Schon nach einigen Schritten war Graf Ludwig von Helfenstein von den Spießen der Bauern tödlich getroffen. Hans Dietrich von Westerstetten, ein Verwandter von Michael Ott, wurde ebenfalls gezwungen durch die Gasse zu gehen. Auch er überlebte das Spießrutenlaufen nicht.

Die württembergischen Bauernhaufen waren auf ca. 8000 Mann angewachsen und zogen durch das Land. Am 25. April 1525 nahmen die Bauern Stuttgart ein. Die Regierung in Stuttgart, die den Habsburgern unterstand, floh nach Tübingen. Die aufständischen Bauern zogen ins Rems- und Filstal. Ende April vereinigten sich verschiedene Bauern-haufen in Nürtingen. Als sie von Kirchheim unter Teck nach Tübingen marschieren wollten, erreichte sie die Nachricht, dass ein Heer des Schwäbischen Bundes unter Truchsess Georg von Waldburg-Zeil ihnen entgegenkam.

Daraufhin änderten die Bauern ihren Weg und zogen am 6. Mai über Degerloch (bei Stuttgart) in Richtung Herrenberg und Böblingen. Der Bauernhaufen schlug sein Lager zwischen beiden Städten auf. Die Anführer nahmen mit dem Truchsess Verhandlungen auf und strebten eine friedliche Lösung des Konflikts an. Dann eroberten die Bauern am 8. Mai 1525 im Sturm Herrenberg.

Am folgenden Tag meldeten Soldaten, dass die Bauern abgezogen waren. Das Schreiben der Bauern war nur eine Finte gewesen. Im Lager heizte Graf Ulrich von Helfenstein den Söldnern mit heftigen Worten ein, dass die Bluttat von Weinsberg an seinem Bruder und den anderen Adligen gerächt werden müsste. Der Stuttgarter Bauernführer Theiß Gerber ließ dem Schwäbischen Bund eine Nachricht zukommen, dass die Bauern um weitere Verhandlungen bäten. Der Truchsess lehnte ab und gab die „übliche" Antwort, die Bauern sollten sich ergeben oder nach Hause gehen. Er forderte, dass die Männer, die für die „Weinsberger Bluttat" verantwortlich waren, dem Schwäbischen Bund ausgeliefert wurden. Diese Forderung überbrachte ein Trompeter ins Lager der Bauern.

Der Bauernhaufen setzte sich zu diesem Zeitpunkt aus ca. 15 000 Mann zusammen, die mit Hakenbüchsen, Morgensternen, Armbrüsten und Spießen bewaffnet waren. Das bündische Heer bestand aus 1200 Pferden, 6000 Mann zu Fuß, 3500 Reitern und zahlreichen Geschützen mit Mannschaft, die von Michael Ott befehligt wurden.

Bei Sonnenaufgang des 12. Mai 1525 zog der Bauernhaufen aus seinem Lager bei Böblingen in ein Feld zwischen die Städte Sindelfingen und Böblingen und versammelte sich dort. Bevor die Aufstellung des Bauernhaufens beendet war, gab der Truchsess den Befehl zum Angriff.

Abb. 14: Georg III. Truchsess von Waldburg-Zeil (1488-1531), auch Bauernjörg genannt. Kolorierter Holzschnitt, Christoph Amberger, 1536, aus einem Exemplar der Fürstlichen Kunstsammlung Waldburg-Wolfegg. Graf Georg im Harnisch mit Schwert und Dolch, hält eine Standarte mit seinem Familienwappen in der Hand. Unten die Wappenschilder der Familie Waldburg (rechts), die seiner ersten Frau Apollonia von Sonnenberg und seiner zweiten Frau Maria von Oettingen (links).

Er befahl, dass die Reiterei von Holzgerlingen aus durch den Böblinger Wald zum Lager der Bauern führen sollte. Mit diesem Ablenkungsmanöver wollte er die Bauern in die Irre führen. Der Truchsess und Michael Ott mit seinen Geschützen zogen mit dem Hauptheer über das Wasserschloss Mauren durch den Wald in Richtung Böblingen. Als sie jedoch aus dem Böblinger Wald kamen sahen sie, dass ihre Reiterei in höchster Gefahr war, weil die Bauern inzwischen kampfbereit in Schlachtordnung dastanden. Unverzüglich ließ Georg Alarm schlagen. Die Landsknechte und Reisige rannten aus dem Wald hervor. Das Terrain war von den Bauern strategisch gut gewählt. Die bündische Reiterei wurde von den anstürmenden Bauern schnell zurückgedrängt. Ott ließ seine Geschütze auf einer Anhöhe nahe der Stadt Sindelfingen aufstellen. Um 10 Uhr feuerte er seine Geschütze ab. Dies war das Signal für den Schlachtbeginn. Die Reiterei kam weiter in Bedrängnis. Sie konnte mit ihren Pferden nicht in das Sumpfgelände zwischen Sindelfingen und Böblingen hinein. Aus diesem Grund konnte der Bund den Bauernhaufen nicht frontal angreifen. Das ganze Schlachtfeld war in Rauch und Feuer gehüllt. Im Laufe der Schlacht brüllte Ott immer wieder seine Befehle zum Abfeuern der Kugeln.

Da kam dem Bund ein Verrat zu Hilfe. Der Böblinger Vogt Lienhard Breitschwert hatte von den Böblinger Ratsherrn den Auftrag, die Stadttore gegen den Willen der Besetzer zu öffnen, aber nur unter der Bedingung, dass der Truchsess die Stadt schone. Der Truchsess und Ott führten zweihundert Büchsenschützen zum Oberen Stadttor von Böblingen. Der Bund hatte mit einer Kapitulation der Stadt gerechnet, doch die Bauern weigerten sich, die Mitglieder des Bundes hereinzulassen. Am Unteren Stadttor wurde so heftig aus

Böblingen geschossen, dass die anrückenden bündischen Schützen flüchteten.

Der Truchsess war sichtlich verärgert über die Gegenwehr. Dann ritt Graf Georg zur Böblinger Stadtmauer und brüllte so laut er konnte, dass die Böblinger die Kapitulation gebrochen hätten. Wenn sie nicht unverzüglich die Stadttore dem Bund öffneten, dann werde er ihre Weiber und Kinder verbrennen. Nach kurzem Zögern tat sich durch diese heftige Drohung das Obere Tor knarzend auf und die beiden Zugbrücken vor dem Böblinger Schloss und der Kirche wurden herabgelassen. Die Büchsenschützen fuhren mit ihren Büchsenwagen in die Stadt hinein. Die Schützen benutzten den Fahrweg zum Schloss und besetzen es. Ott ließ vier kleine Geschütze, sogenannte Falkonette und 200 Reiter nachrücken. Auf einer Anhöhe hinter dem Oberen Tor brachte Ott die Geschütze in Stellung. Dann ließ er den ersten Schuss vom Hügel aus abgeben. Er traf mitten in den Bauernhaufen. Nun begannen die Bauern in den ersten Reihen über ihre toten und verletzten Mitkämpfer hinweg zu fliehen. Sogar der Gewalthaufen der Bauern, bestehend aus mehreren Fähnlein, geriet durch Otts Kanonenschüsse in Unordnung und ergriff Hals über Kopf die Flucht. Inzwischen hatten bündische Landsknechte die Geschütze der Bauern auf den Anhöhen erobert – und nun ließ Ott die Bauern durch ihre eigenen Geschütze beschießen. Auch die Bauern im Moor mussten dem Bund weichen und flohen in den dichten Böblinger Wald. Hier ins Sumpfgebiet konnte Ott sie mit seinen Kanonen nicht verfolgen und die Landsknechte auch nicht. Graf Georg kannte sich hier aus und wählte eine Abkürzung. Er sah voraus, dass die Bauern in das Gewann Schweineäcker und in das Mahdental, durch das die Glems fließt, fliehen würden. Tatsächlich kamen die Bauern zu der gedachten Örtlichkeit. Hier starben durch das bündische Heer sehr viele Bauern. Um zwei Uhr war die Schlacht vorbei – und für den Schwäbischen Bund und das Haus Habsburg gewonnen. Alle Geschütze der Bauern sowie ihre Wagenburg und ihre Zelte erbeutete der Bund. Außerdem machte er an diesem Tag 1200 Gefangene. Einer berichtete, dass sich unter den geflohenen Bauern auch solche aus Weinsberg befanden, so auch Nonnenmacher. Der Pfeifer aus Ilsfeld, der Graf Ludwig von Helfenstein aufgespielt hatte, bevor der Adlige durch die Spieße gejagt wurde, sei nach Sindelfingen geflohen. Als dies dem Truchsess gemeldet wurde, bestiegen sie ihre Pferde und galoppierten nach Sindelfingen. Vor der Stadtmauer brüllte der Truchsess den wachhabenden Männern zu, man solle ihm den Nonnenmacher ausliefern, der habe den Tod seines Vetters Georg von Helfenstein verschuldet. Wenn die Sindelfinger ihn nicht innerhalb einer halben Stunde an den Bund auslieferten, werde er die Stadt anzünden mitsamt ihren Kindern und Weibern. Nach dieser Drohung herrschte hinter der Stadtmauer Grabesstille. Es vergingen angespannte Minuten. Dann kreischte eine Frau, sie sollen den Unhold aus der Stadt werfen. Das Stadttor öffnete sich und zwei Stadtknechte übergaben den gefesselten Nonnenmacher. Der Truchsess befahl den Söldnern den gefesselten Nonnenmacher ins bündische Lager nach Maichingen zu bringen. Nonnenmacher wurde von den Landsknechten gepackt und zu einem armdicken Pfahl geführt und gegen ihn gedrückt. Ein Söldner legte ein Halseisen um Nonnenmachers Kehle und um den Pfahl und verschloss das Scharnier. Genauso wurde um die Knöchel Nonnenmachers ein Fußeisen gelegt. Knechte rissen den Pfahl aus dem Boden und hoben ihn samt Nonnenmacher hoch. Unter Beifall und lautem Gejohle trugen sie ihre Last zu einer hölzernen Vorrichtung. Sie bestand aus zwei dicken Brettern, die ungefähr einen Klafter voneinander in den Boden eingelassen waren. In der Mitte besaß jedes Brett eine tiefe Aussparung. An der einen Seite des Gestells war außen ein hölzernes Rad zu erkennen. Die Söldner legten Nonnenmacher an den Pfahl gekettet in die Vertiefung des Folterwerkzeugs. Der Truchsess befahl aus dem Wald frisches Holz herbeizuschaffen und unter dem Gefangenen aufzustapeln. Einen Söldner beauftragte er, während der Folter Nonnenmacher ab und an auf dem Gestell zu drehen, damit sie sein Geschrei während der Röstung auch genießen könnten.

Am nächsten Tag zog der Schwäbische Bund weiter über die Fildern nach Plieningen. Es ging nach Kornwestheim und um drei Uhr morgens war das Bundesheer in der Nähe von Heilbronn. Hier erhielt der Truchsess eine dringende Nachricht von Sebastian Emhard, der Burgvogt von Asperg war. Vogt Emhard schrieb ihm, dass der Bauernführer Jäcklein Rohrbach nahe Heilbronn aufgegriffen und auf die Festung Hohenasperg gebracht worden war. Sofort gab der Truchsess den Befehl, Jäcklein Rohrbach aus der Landesfestung Hohenasperg abzuholen. Als der Bauernführer in Neckargartach eintraf, gab der Truchsess den Befehl, ihn „nur" zu verbrennen.

Als erster zündete Ulrich von Helfenstein ein Scheit an und warf es ins Feuer. Der Truchsess tat es ihm gleich. Es entsprach der damaligen Auffassung von Rache.

Landsknechte rissen Rohrbach die Kleider vom Leib und legten einen metallischen Leibring um die Brust, der hinten eine lange Kette besaß, sodass man die Arme des Gefangenen auf dem Rücken fesseln und ihn mittels einer Schelle an den

Pfahl binden konnte. Der Truchsess gab den Befehl Holz zu sammeln und ließ es zwei Schritte rings um den Pfahl aufstapeln. Als alles bereit war, nahm Georg Truchsess von Waldburg-Zeil ein Holzscheit, zündete ihn an und warf ihn in den Holzstapel. Dann kam Ulrich von Helfenstein und nahm Rache für seinen Bruder Ludwig. Anfangs versuchte Rohrbach das Feuer wie wild mit den nackten Füßen auszutreten. Doch nach einiger Zeit umzingelten ihn die Flammen immer mehr. Es ist nicht bekannt, ob Michael Ott ein Holzscheit anzündete und ihn in das aufgestapelte Holz um Rohrbach warf.

Michael Ott war auch bei den anschließenden Straf- und Abschreckungsmaßnahmen des Schwäbischen Bundes unter Truchsess von Waldburg-Zeil gegen die Stadt Weinsberg dabei.

Die Adligen nahmen Rache für ihre Verwandten, die von den aufständischen Bauern an Ostern 1525 durch die Spieße gejagt und getötet worden waren. Weinsberg wurde vollkommen zerstört. Es musste Strafen zahlen und verlor das Stadtrecht.

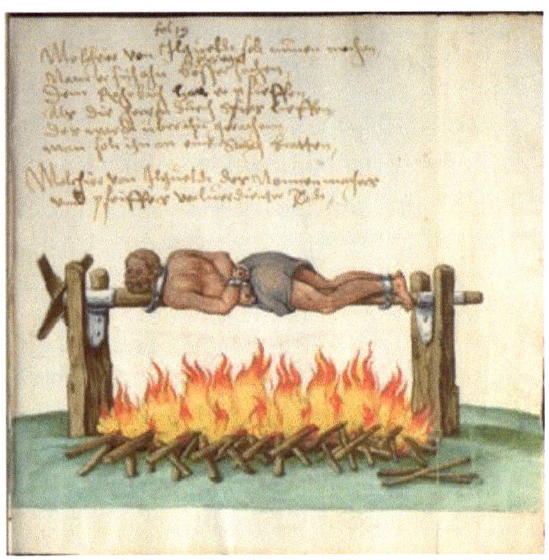

Abb. 15a: Die Röstung des Weinsberger Pfeifers Melchior Nonnenmacher bei Sindelfingen 1525. Cod. K2476, fol.129r, Badische Landesbibliothek, Karlsruhe.

Abb. 15 b: Die Verbrennung des Bauernführers Jäcklein (Jakob) Rohrbach bei Neckargartach (nahe Heilbronn) 1525, Cod. K 2476, fol. 130r, Badische Landesbibliothek, Karlsruhe

1.13 Der Krönungsfeldzug Erzherzogs Ferdinand I. nach Ungarn 1527

Nach der verheerenden Niederlage der Ungarn und dem Tod Ludwig II., des Königs von Böhmen und Ungarn, in der Schlacht bei Mohács gegen die Türken am 29. August 1526, riss der Woiwode von Siebenbürgen, Johann Zápolya, die Macht in Ungarn an sich. Zápolya ließ sich noch im November desselben Jahres zum ungarischen König wählen und in Stuhlweißenburg (Székesvehévar) krönen.

Im Frühjahr des Jahres 1527 kommandierte Erzherzog Ferdinand Michael Ott zu sich nach Wien. Dort erhielt er den Auftrag an dem Zug nach Ungarn gegen König Zápolya teilzunehmen. Schweren Herzens sagte Ott zu. Ihm machten seine immer wieder auftretenden Gichtanfälle zu schaffen. Doch dieser sogenannte „Krönungsfeldzug" Ferdinands brachte ihn auch in anderer Hinsicht in Bedrängnis. Im Innsbrucker Zeughaus standen nur noch einige Kartaunen und Feldschlangen zur Verfügung. Die größeren Geschütze waren bereits im Kampf gegen den französischen König Franz I. im Einsatz.

Ausgangspunkt für den „Krönungsfeldzug" war Altenburg östlich des Neusiedler Sees. Im Juli rückten Erzherzog Ferdinand und Michael Ott unter dem Kommando des Markgrafen Kasimir bis zur ungarischen Grenze vor. Die Festungen an der Donau ergaben sich schnell. Dann zogen sie weiter in Richtung Ofen (Buda). Beim Anrücken des Reichsheeres war Johann Zápolya mit seinen Anhängern überstürzt aus der alten Königstadt geflüchtet. Die Anwesenheit Ferdinands verbreitete sich wie ein Lauffeuer unter der Bevölkerung von Ofen und Pest. Viele Anwohner zogen jubelnd den Berg zum Schloss hoch zum Königspalast und ließen Erzherzog Ferdinand hochleben.

Überraschend verstarb Markgraf Kasimir. Das Reichsheer unter Niklas von Salm brach mit Ott von Ofen aus auf und verfolgte Zápolya und seine Anhänger auf ihrem Rückzug nach Oberungarn. Weiter zog der lange Heerwurm der Reichstruppen über das Bükk-Gebirge in Richtung der Stadt Tokaj. Nachdem sie die endlosen Buchenwälder des Gebirges hinter sich gelassen hatten, gab Graf von Salm den Befehl, auf freiem Feld zu übernachten. Die Landsknechte bildeten eine Wagenburg, in deren Mitte Otts Geschütze gut gesichert waren. Es folgte eine Lagebesprechung. Da schlugen die Trompeter Alarm. „Überfall" brüllten die Landsknechte. Zápolya versuchte, das Lager zu stürmen. Durch den Überraschungsangriff war die Lage des Reichsheeres kritisch, aber Salm behielt die Nerven und ließ den Befehl zum Sammeln geben. Die erfahrenen Söldner griffen zu ihren Waffen und wussten sich gegen die Angreifer zu verteidigen. Nach diesem Überfall und der heftigen Gegenwehr der Landsknechte machte sich Zápolya in Richtung Tokaj auf und davon.

Am nächsten Tag, dem 27. September 1527, verfolgte das Reichsheer die Angreifer. Bald standen sich die beiden feindlichen Heere in der Nähe der Stadt Tokaj gegenüber. Nach kurzem heftigem Kampf musste Johann Zápolya Hals über Kopf mit dem kärglichen Rest seiner Truppen fliehen. Einen großen Teil seiner Leute metzelten die Landsknechte nieder. Viele Flüchtende ertranken im nahen Fluss Theiss. Für Michael Ott war es besonders erfreulich, dass Zápolya seine ganze Artillerie zurücklassen musste. Nach dem Sieg über den

Gegenkönig nahm das Reichsheer die Stadt Tokaj ein. Dann ging es wieder zurück nach Ofen (Buda).

Abb. 16: Johann Zápolya (1478-1540), Woiwode aus Siebenbürgen, 1526 gewählter König Johann I. von Ungarn und Kroatien, 1729, Roman Academy Library, Bukarest.

Drei Tage später reiste der ganze Hofstaat weiter zu der alten Wahl- und Krönungsstadt Stuhlweißenburg. Die hohen Gäste, wie auch Michael Ott von Echterdingen, logierten im Bischofspalast. Da tauchte unerwartet ein Problem auf. Der Bischof von Neutra, der bereits Johann Zápolya in der Basilika zum ungarischen König gekrönt hatte, sollte nun auch Erzherzog Ferdinand die Krone auf das Haupt setzen. Alle waren bei dem Gedanken entsetzt. Fast alle kirchlichen Würdenträger waren mit König Ludwig in der Schlacht von Mohács im Jahr zuvor gefallen. Nach vielen hitzigen Debatten stimmte der Erzherzog schließlich zu. Am 3. November 1527 wurde Erzherzog Ferdinand zum ungarischen König gekrönt. Michael Ott nahm an den Krönungsfeierlichkeiten teil.

Im Frühjahr 1528 kehrte Ott mit dem Heer Ferdinands ins Reich zurück. Ott verbrachte einige Wochen auf seinem Schloss Sigmundskron in Südtirol. Dann rief wieder die Pflicht. Er machte sich auf dem Weg, um am Reichstag in Regensburg teilzunehmen.

Abb.17: Kaiser Ferdinand I. (1503-1564), Johann Bockberger der Ältere, Mitte des 16. Jahrhunderts, Kunsthistorisches Museum, Wien.

1.14 Krieg der Liga von Cognac (1526-1530)

1526 wurde auf Betreiben des Medici-Papstes Clemens VII. ein Bündnis zwischen Frankreich, Mailand, Florenz, Venedig und dem Kirchenstaat gegen Kaiser Karl V. gebildet. Georg von Frundsberg erhielt den Auftrag, ein Heer aus Landsknechten zur Verstärkung der Gruppen in der Lombardei zusammenzustellen. Erzherzog Ferdinand I. konnte jedoch den Sold an die Landsknechte nicht auszahlen. Dann erlitt der Landsknechtführer Georg von Frundsberg am 16. März 1527 einen schweren Schlaganfall im Feldlager bei Bologna und verstarb am 20. August 1528 in seiner Heimat Mindelheim.

Am 6. Mai 1527 erfolgte die Plünderung Roms (Sacco di Roma) durch die kaiserlichen Landsknechte. Papst Clemens VII. rettete sich in die Engelsburg, musste sich jedoch später ergeben.

Im Frühjahr 1528 nahm Michael Ott am oberitalienischen Feldzug teil. Im Kampf um das Herzogtum Mailand, das seit 1512 wieder von den Franzosen besetzt war, verlor er 24 von seinen insgesamt 49 angeworbenen Büchsenmeistern.

Im Spätherbst 1528 begab sich Ott wegen seiner schweren Gichterkrankung erneut zur Kur nach Bad Wildbad im Schwarzwald.

Am 29. Juni 1529 schloss Papst Clemens VII. mit Kaiser Karl V. den Frieden von Barcelona. Das Herannahen eines großen osmanischen Heeres über den Balkan unter Sultan Süleyman I. trug dazu bei, dass der Friedensschluss zustande kam. Am 5. August endete der Krieg der Liga von Cognac zwischen Kaiser Karl V. und König Franz I. von Frankreich.

1.15 Die erste Belagerung Wiens durch die Osmanen 1529

Im September des Jahre 1529 glich die Residenzstadt Wien einem Wespenhaufen. In Scharen drängten sich Leute aus der näheren Umgebung mit all ihrem Gepäck und Vieh nach Wien, während reiche Bürger mit ihrem Hab und Gut in anderen Städten Sicherheit suchten. Es hielten sich tausende von deutschen und spanischen Landsknechten in Wien auf. Der Grund für die Truppenansammlung in der Stadt war der Aufmarsch eines riesigen türkischen Heeres von 250 000 Mann und ca. 300 Geschützen zu Land und auf der Donau unter Führung von Sultan Süleyman. Zum Glück war es den Osmanen nicht gelungen, ihre schweren Kanonen bei Dauerregen über die angeschwollenen Flüsse und Bäche des Balkans zu transportieren.

Nachdem Sultan Süleyman I., genannt der Prächtige, den Heiligen Krieg ausgerufen hatte, befürchtete Kaiser Karl V., dass die Osmanen nach dem Fall der Städte Bukarest und Budapest auch versuchen würden, Wien zu erobern.

Michael Ott war in den vierzehn Fähnlein der Reichshilfe unter Pfalzgraf Philipp im zweiten Abschnitt der Ringmauer (Stadtmauer) zwischen Kärntner Tor und Augustinertor eingeteilt. Der Kriegssekretär Peter Stern von Labach schrieb in seiner detaillierten Aufzählung der beteiligten Verteidiger Wiens: „Michell Ott Zeugmaister der obern Österreichischen lanndt" [45].

Otts Aufgabe bestand darin, dass er mit Geschützen den Abschnitt zwischen dem Roten Turm, Stubentor und dem strategisch äußerst wichtigen Kärntner Tor zu verteidigen hatte. In den folgenden Stunden und Tagen gab es für Ott und das Reichsheer viel Arbeit, um die türkischen Angriffe abzuwehren. Niklas Graf von Salm und Michael Ott beschlossen, 900 Gebäude in der Vorortlinie niederzubrennen, um freies Schussfeld für Otts Kanonen zu haben. Geschütze waren in ihrer Schussrichtung unbeweglich, deshalb mussten die Kanonen etwas höher aufgestellt werden z. B. auf Gebäude oder Erdaufschüttungen. In der Stadtmitte deckten Söldner die Dächer der Häuser ab, damit die ca. 100 Kanonen des Reichsheeres an der Innenseite der Ringmauer richtig postiert werden konnten.

Abb. 18: Sultan Süleyman, genannt der Prächtige, (1494 (1496) -1566), unbekannter Künstler um Tizian, ca. 1530, Kunsthistorisches Museum, Wien.

Daraufhin kam es zu Ausschreitungen, weil die Wiener ihre Häuser nicht aufgeben wollten. Dann ließ Ott die schweren Geschütze auf der Plattform des Kärntner Tores aufstellen: eine große Notschlange, eine Halbschlange und ein Falkonett.

Außerdem ließ er an der Mauer des Kärntner Tors eine Schießscharte aufbrechen und konnte so ein weiteres Geschütz in Stellung bringen. Oben vom Turm des Stephandoms aus beobachtete ein Maler die türkischen Truppenbewegungen und fertigte Zeichnungen für die Heeresleitung an. Am 30. September feuerten die Belagerer mit ihren Kanonen ein starkes Geschützfeuer auf Wien ab, das aber keine großen Schäden hinterließ. Es gelang den Osmanen nur, kleine Breschen in die Ringmauer zu schießen. Unzufrieden mit dem Verlauf des Krieges, beschloss der Sultan am 1. Oktober den Minenkrieg. Als Salm und Ott durch Spione von dieser neuen Kriegstaktik erfuhren, entschloss sich die Führung des Reichsheeres zum Gegenangriff. Unter den Landsknechten waren auch Bergknappen aus Tirol, die im Sprengen von Stollen Erfahrung hatten. Die Knappen aus Schwarz erhielten den Befehl, mit dem Bau von Gegenstollen unter den Häusern zu beginnen. Landsknechte wurden in die Keller der Häuser kommandiert und mussten Eimer gefüllt mit Wasser genauestens beobachten. Sobald sich die Wasseroberfläche kräuselte, waren türkische Mineure auf der anderen Seite der Ringmauer am Werk. Nachdem der Einsatz von Sprengstoff unter der Ringmauer für die Osmanen nicht den gewünschten Erfolg brachte, setzte am 2. Oktober die türkische Artillerie ihre heftigen Angriffe fort. Besonders der von Ott bewachte Abschnitt um das Kärntner Tor war heiß umkämpft. Der nächste türkische Ansturm begann sehr früh. Die Belagerer beschossen den ganzen Abschnitt bis zur Donau hin. Mit vereinten Kräften gelang es, den Angriff abzuwehren.

Abb. 19: Niklas Meldeman´s Rundansicht der Stadt Wien zur Zeit der ersten Türkenbelagerung im Jahr 1529. Kolorierter Holzschnitt, Albert Camesina, 1529, Wiener Stadt- und Landesarchiv.

Dann ging eine Mine unterhalb des Kärntner Tores hoch. Es folgte weiterer Artilleriebeschuss durch die Türken. Ott musste seine Stellung am Kärntner Tor aufgeben. Schnell musste die Ringmauer ausgebessert werden. Wien war nicht mehr lange zu halten. Ein erneuter türkischer Angriff konnte jedoch abgewendet werden. Nach diesem türkischen

Misserfolg berichteten Spione von einer Besprechung des Sultans mit seinen Heerführern. Mit blumigen Worten wie Allah, habe die Eroberung Wiens nicht vorbestimmt, rechtfertigte sich der Sultan. Nun wollten die Türken einen letzten Angriff auf Wien wagen oder abziehen. Auch im osmanischen Lager gab es einen Mangel an Lebensmitteln. Die Moral der türkischen Truppe war nach anfänglicher Euphorie stark gesunken, weil sie bei einer versprochenen Plünderung Wiens bis jetzt keine reiche Beute machen konnten. Dann war wieder eine Mine am Kärntner Tor in die Luft geflogen und riss eine breite Bresche in die Mauer, die aber wieder geschlossen werden konnte.

Am 14. Oktober ging Starkregen in Schnee über. Schneefall verschärfte die äußerst schwierige Lage Wiens noch mehr. Sultan Süleyman I. hatte beschlossen mit seiner Armee wieder heimwärts zu ziehen. Vorher ließ er alle nicht reisefähigen Geißeln, die nur Ballast für die türkische Armee waren, ermorden. Fassungslos schaute die Heerführung des Reiches zu, wie die Türken alle Stellungen räumten und von Wien abzogen. Die osmanische Belagerung Wiens hatte ein glückliches Ende gefunden.

1.16 Tod in Wildbad / Schwarzwald im Winter 1531/32

Da Herzog Ulrich erneut versuchte, mit Unterstützung eidgenössischer Truppen, Württemberg zurückzuerobern, befahl Kaiser Karl V. Anfang 1531 seinen Obersten Feldzeugmeister nochmals nach Württemberg. Michael Ott ging es gesundheitlich so schlecht, dass er König Ferdinand bat, Innsbruck nicht verlassen zu müssen.

Abb. 20: Titelholzschnitt Johannes Grüninger, 1519, Traktat der Wildbäder Natur, Dr. Lorenz Freis, Straßburg.

Nachdem Erfolg seiner Badekuren in den Jahren 1521 und 1528, entschloss sich der gichtkranke Michael Ott nach der Verteidigung Wiens, sich im Frühjahr 1531 erneut einen Aufenthalt bei den heißen Quellen in Wildbad zu gönnen. Der kleine Ort am Fluss Enz war damals das bekannteste Kurbad im Heiligen Römischen Reich.

Als Oberster Feldzeugmeister und Kriegsrat des Heiligen Römischen Reiches hatte Ott das Anrecht, in der luxuriösesten Abteilung des Bades, das nur von den Edlen des Reiches benutzt wurde, im Fürstenbad zu kuren. Michael Ott verbrachte anfangs mit einer halben Stunde beginnend und dann steigernd bis zu zehn Stunden am Tag mit Sitzbädern im warmen Heilwasser. Er frönte, dabei wie damals üblich, dem Spiel sowie Ess- und Trinkfreuden. Musikanten spielten auf und Hübschlerinnen boten ihre Dienste an.

Anfang des Jahres 1532 verschlechterte sich der Gesundheitszustand von Michael Otts von Echterdingen dramatisch und er verstarb, ohne jemals bei einer Schlacht ernsthaft verwundet geworden zu sein, im damals hohen Alter von 53 Jahren in einer Herberge in Wildbad.

Wo der getreue Gefolgsmann von Kaiser Maximilian I. und Kaiser Karl V. beerdigt wurde, ist nicht bekannt.

Teil 2 Herkunft, Nobilitierung und Ehrungen

2.01 Ermittlung des Geburtsjahres

Einen indirekten und doch wichtigen Anhaltspunkt über das Geburtsjahr von Michael Ott liefert eine im Jahr 1522 geprägte Schaumünze, die ihn für seine großen Verdienste unter Kaiser Maximilian I. und Kaiser Karl V. würdigt. Es existieren Schaumünzen, die aus Silber, Bronze oder Blei hergestellt wurden, aber auch Fälschungen. Alle Medaillen tragen den Namenszug „Michael Ott von Aechtertingen (Ae ligiert)" und nicht „Michael Ott von Echterdingen". Der Numismatiker Georg Habich hat in seinem Standardwerk von 1929 über deutsche Schaumünzen des XVI. Jahrhunderts die Medaille von Michael Ott von Echterdingen beschrieben. Georg Habich hat die Schaumünze dem Medailleur Hans Daucher (1486-1538) zugeschrieben.

Abb. 21: Schaumünze: Avers zeigt sie das Portrait von Michael Ott von Echterdingen im Brustharnisch, nach links blickend (heraldisch betrachtet). Silberguss, Durchmesser: 62 mm, Gewicht: 139,03 g. Münzkabinett der Staatlichen Museen zu Berlin.

Die Medaille zeigt Avers (Abb. 21) das bärtige und barhäuptige Portrait von Michael Ott im Brustharnisch. Revers ist sein Wappen abgebildet (Abb. 23).

Die Rundschrift auf der Schaumünze, die sich über Vorder- und Rückseite erstreckt, lautet:
Avers: Michael · Ott · DE · AECHTERTINGEN · DIV · MAXIMILIANI · ET · CAROLI Revers: CAES : SUPREMUS · TORMENTORUM · BELLICORUM · PERFECTUS

 (AE bei AECHTERTINGEN und bei CAES ligiert, wird als Ä ausgesprochen).

Michael Ott von Aechtertingen, Oberster Feldzeugmeister unter den Kaisern Maximilian und Karl.

Inschrift quer über das Feld Avers: M · D / XXII // ETA:/XLIII (1522 im 43. Lebensjahr) Inschrift quer über das Feld Revers: DE CETER / MELIUS (besser als andere)

Laut Inschrift auf seiner Medaille stand Michael Ott von Echterdingen 1522 im 43. Lebensjahr. Folglich musste er im Jahr 1479 geboren sein.

Kritisch zu bewerten sind Medaillen mit der Aufschrift des Jahres MDXII (1512). Damals lebte Kaiser Maximilian I. noch und sein Nachfolger Karl von Spanien wurde erst 1520 zum Kaiser Karl V. in Aachen gekrönt. Die Nobilitierung Michael Otts erfolgte zudem nach der Sporenschlacht bei Guinegate im Jahr 1513.

2.02 Urfehde / Herkunftsnachweis

Zu Beginn des 16. Jahrhunderts war Michael Ott als Kanzleischreiber am Stuttgarter Hof tätig. Im Jahr 1503 wurde er bei Tübingen verhaftet und verurteilt (siehe 1.02). Ott musste die Urfehde schwören und das Herzogtum Württemberg innerhalb von zehn Tagen verlassen.

Die Herkunft Michael Otts lag lange Zeit im Dunkeln. Laut dem Landeskirchlichen Archiv Stuttgart und dem Archiv der Diözese Rottenburg/Stuttgart existieren Kirchenbücher über Echterdingen erst ab 1641 bzw. für Neuhausen auf den Fildern, zu denen die Echterdinger Katholiken damals gehörten, ab dem Jahr 1606. Kirchenbücher der Stadt Kirchheim unter Teck gehen bis auf das Jahr 1558 zurück. Aufgrund seiner Schaumünze ist bekannt, dass Michael Ott von Echterdingen bereits 1479 geboren ist. Belege zu Michael Otts Geburtstort sind im Landesarchiv Baden-Württemberg, im Österreichischen Staatsarchiv in Wien oder im Archiv der Provinz Bozen nicht gefunden worden.

Aufgrund seiner Nobilitierung mit dem Namenszug „von Echterdingen" nahm man an, er stammte aus dem Ort Echterdingen (Leinfelden-Echterdingen). In den alten Lagerbüchern des Ortes Echterdingen ist der Familienname Ott nicht zu finden [5]. Jakob Smirnov veröffentlichte in seiner Magisterarbeit 2010/2011 den Urfehdebrief (Abb.22) ausgestellt auf Michel Ott aus dem Jahr 1503 [3]. Es ist ein Dokument, das unter Aufsicht des aus dem Gefängnis oder der Untersuchungshaft zu entlassenden Gefangenen verfasst und unterschrieben wurde. Die Urfehde war eine Alternative zur Gefängnisstrafe.

Im Urfehdebrief Michel Otts aus dem Jahr 1503 steht, dass er „seiner fürstlichen gnad verpflichtter Canszli schreiberr" („Kanzleischreiber") war. Ich, Michel Ott vonn Kirchen unnder Teckh bekenne un thon kund offenbar mit dissem brieff... **Dies bedeutet, dass Michael Ott von Echterdingen in Kirchheim unter Teck geboren wurde.**

A 44 U 5529, 1503 Juli 27 (Do n. Jakob)

„Michel Ott aus Kirchheim unter Teck, zu Tübingen gef., nach Bezahlung seiner Atzung begnadigt und entlassen, schwört U. und gelobt eidlich, bei Forderungen an den Herzog oder die Amtleute vor dem Hofmeister und den Räten, bei Klagen gegen Untertanen vor den Gerichten Recht zu suchen, ohne später zu appellieren, außerdem innerhalb von zehn Tagen außer Landes zu gehen und ohne Erlaubnis nicht zurückzukehren."

Rv.: „Copie der Urfehd, mir von Wirtemberg abgerungen". Beil.: 8

Abb. 22: Auszug aus Michael Otts Urfehdebrief aus dem Jahr 1503, aus dem Findbuch A 44 Urfehden, 1405-1600, Rep. A 44 10. Band 10, Landesarchiv Baden-Württemberg, Abteilung Hauptstaatsarchiv Stuttgart.

Michael Ott war als verpflichteter Kanzleischreiber mit einer im Gefängnis liegenden Person, die nicht mit ihm verwandt war, in Schriftwechsel gestanden.

2.03 Nobilitierung

Laut seiner Urfehde war Michael Otts Geburtsort Kirchheim unter Teck, das im Mittelalter weder eine Freie Stadt noch eine Reichsstadt (unterstand dem Kaiser) war, sondern eine Territorialstadt. In Kirchheim herrschten die Zähringer, die Habsburger und dann die Württemberger. Anders verhielt es sich mit Echterdingen, wo sich die Ortsherrschaft das Kloster Bebenhausen seit 1280/1 und später ab 1481 je zur Hälfte mit Württembergern teilten.

Zum ersten Mal wurde der Ort Echterdingen im Jahr 1185 bei einem Tauschgeschäft von Gütern zwischen Kaiser Friedrich I. „Barbarossa" und Welfenherzog Welf VI. als Vogt von Echterdingen erwähnt. In dieser Urkunde wird ein CUNRAT DE ATHERTINGEN (auch Achtertingen) erwähnt. Für Echterdingen gab es im Mittelalter verschiedene Schreibweisen wie Etherdingen, Aithertingen, Aehtertingen oder Achtirtingen. Am 1. Februar 1406 siegelte der Edelknecht Wolf von Echterdingen mit „WOLFHARDI DE AETHERTINGEN" zum letzten Mal eine Urkunde. Er verkaufte mit seinem Vetter Wölflin von Möhringen die übrigen Anteile der Burg in Echterdingen, den Turm, die Gerichtsbarkeit und Güter sowie Leibeigene an Herzog Eberhard III., den Milden von Württemberg, für 4 rheinische Gulden. Nach Wolf war der Stamm der „Herren von Echterdingen" erloschen [5]. Das Siegel des „Wolf von Echterdingen" zeigt (heraldisch betrachtet) einen nach rechts schreitenden, aufgerichteten, züngelnden Löwen. Das Wappentier Löwe ist ein Symbol für Mut, Kraft, Herrschaft und Königtum.

Michael Otts erste Ehefrau Klara (Katharina) von Westerstetten stammt von einem angesehenen schwäbischen Adelsgeschlecht aus Ulm ab. Sie besaß Güter in Westerstetten und Nellingen (Gemeinden im Alb-Donau-Kreis), Ulm, Drackenstein (Landkreis Göppingen), Waiblingen. Kirchheim unter Teck, Esslingen sowie Bernhausen (zu Filderstadt gehörend) und Neuhausen (Gemeinde des Landkreises Esslingen). Neuhausen und Bernhausen liegen in unmittelbarer Nähe von Echterdingen. Vielleicht gab es hier einen Zusammenhang mit dem Grundbesitz seiner ersten Frau und daraus resultierenden Ansprüchen.

In Österreich war es in der Vergangenheit durchaus erlaubt, sich auch fiktive Namen bei einer Nobilitierung zuzulegen. Wie in anderen Fällen einer Nobilitierung, hatte Michael Ott das Adelsprädikat des im Jahr 1406 ausgestorbenen Geschlechts der „Herren von Echterdingen" angenommen, was eine gewisse „Reihenfolge" zu den Ortsadligen in Echterdingen suggerieren sollte. Bis jetzt gibt es keine konkreteren Angaben über Otts Erhebung in den Adelsstand. Warum sich Michael Ott ausgerechnet „von Echterdingen" bzw. „Aechtertingen" nannte, ist ebenfalls nicht bekannt. Ein Besuch Michael Otts in Echterdingen ist nicht belegt.

Aus Michael Otts Lebensgeschichte ist nachzuvollziehen, dass er sich nicht nach der württembergischen Stadt Kirchheim unter Teck nennen konnte. Bezeichnend ist auch, dass im Jahr 1529 Erzherzog Ferdinand I. ihn mit einem Lusthaus entlohnen wollte, das vor den Toren der Stadt Kirchheim lag: das „Lusthaus so zu Kirchheim unnder Teckk vor der Stadt sambt Pfarren unnd Garten darbay" gegen 12 Gulden Zins an die Kammer [4]. Die Landschaft (Klerus, Adel, Bürgertum) genehmigte dies nicht. Michael Ott konnte sich nicht gegen die

Landschaft durchsetzen. Grund war wohl sein Urfehdebrief aus dem Jahr 1503, der ihm ein Leben lang anhing. In seinem Urfehdebrief stand, dass er sich nicht mehr ins Herzogtum Württemberg niederlassen durfte. Ein Bruch seiner Urfehde würde als Meineid angesehen und bestraft werden. Michael Ott gab sich mit der Absage der Landschaft wegen des Hauses aber nicht zufrieden. Er schrieb am 3. Juni 1531 erneut an Erzherzog Ferdinand I. und bat ihn um Rückgabe seines Urfehdebriefs. Michael Ott erinnerte den König in seiner Bittschrift, dass dieser und der Schwäbische Bund auf seine Hilfe angewiesen seien, wenn Herzog Ulrich V. nach seiner Vertreibung aus Württemberg wieder ins Land zurückkehren würde. Die Antwort des Erzherzogs ist nicht überliefert. Fakt ist: Michael Ott bekam das Lusthaus nicht. Daraus kann man aber schließen, dass Erzherzog Ferdinand I. Otts Herkunft aus Kirchheim unter Teck bekannt war.

Abb. 23: Schaumünze, Revers, Silberguss, Durchmesser: 62 mm; Gewicht: 139,03 g. Münzkabinett der Staatlichen Museen zu Berlin.

Im Jahr 1513 nahm Michael Ott an dem erfolgreichen Feldzug mit den Reichstruppen unter Kaiser Maximilian I. und ihres Verbündeten König Heinrich VIII. von England gegen König Ludwig XII. von Frankreich teil. Am 16. August 1513 wurde das französische Heer in der Schlacht bei Guinegate (Enguinegatte) unter tatkräftiger Mitwirkung von Otts Artillerie geschlagen. Im folgenden Jahr unterschrieb Michael Ott am 3. November 1514 in einem Brief an den Görzer Zeugwart Hans Würzburger zum ersten Mal mit „Michael Ott von Aechtertingen".

Auf der Schaumünze ist Revers (Abb.23), heraldisch betrachtend, im Wappenschild ein aufgerichteter, züngelnder Löwe mit drei heiligen Flammen auf der Brust zu sehen, wie er im Wappen der letzten „Herren von Echterdingen" aus dem Jahr 1406 dargestellt ist. Im Oberwappen ist ein Wappentier über die Helmzier abgebildet, das im Wappenbuch nach Johann Siebmacher einen halben Löwen zeigt. Das Tier streckt die Pranken weit aus. Auf seiner Brust sind drei heiligen Flammen zu erkennen und es besitzt ein dichtes, anliegendes Fell sowie einen flachen Kopf. Seine runden Ohren, die Nase und der Mund sind beinahe auf einer Linie. Dies deutet eher auf einen Otter als auf einen Löwen hin. Der Otter (Fischotter) ist seit dem 14. Jahrhundert ein selten verwendetes Tierzeichen in der Heraldik. Der Otter wird als ein sogenanntes sprechendes Wappentier oder Namenswappen bezeichnet d.h. er kann auf den Inhaber eines Familiennamens oder Ortsnamen hinweisen. Der Otter ist das Symbol der Vorsicht, der Zielstrebigkeit, des Jagdrechts und des bewussten Lebens. Bei Michael Otts Medaille kann Otter eine Assoziation zu seinen Nachmanen ausdrücken (Otter entspricht dem Namen Ott). https://www.heraldik-wiki.de/wiki/Otter (Wappentier).

Links oben auf der Medaille ist eine Sanduhr zu erkennen, die das Symbol der Vergänglichkeit und der Endlichkeit anzeigt. Rechts oben sind zwei nach unten gekehrte und gekreuzte Schwerter abgebildet, die Ehre, Freiheit, Reinigung und Stärke ausdrücken. Auf der Medaille (Abb.23) ist die **siebenzackige Freiherrenkrone des Heiligen Römischen Reichs** zu erkennen.

Da Michael Ott von Echterdingen und der Medailleur Hans Daucher, der die Schaumünze angefertigt hat, zur selben Zeit lebten, entsprach die Medaille Otts Wünschen.

Die in der Literatur oft erwähnte Auswanderung der Familie Ott nach Tirol kann so gedeutet werden, dass Michael Ott aufgrund seiner Urfehde vom Jahr 1503 und später auch sein Bruder Hans nach Tirol ausgewandert sind.

Im Jahr 1524 ist Michael Ott von Echterdingen im „Verzeichnis der gegenwärtig in Tirol angehörigen Geschlechter" als Michael Ott von Achterdingen aufgeführt. Michael Ott verstarb 1532 in Bad Wildbad im Schwarzwald. Im Jahr 1594 wird der Mannesstamm derer „von Achterdingen" als erloschen bezeichnet. Wahrscheinlich ist in diesem Jahr sein jüngerer Bruder Hans, der sein Nachfolger im Zeughaus in Innsbruck war, kinderlos verstorben.

2.04 Wappenbuch aus dem Jahr 1605

Im Wappenbuch des Johann Ambrosius Siebmacher aus dem Jahr 1605 (seine Erben und Nachfolger erstellten bis 1806 zehn weitere Bücher) ist in der spanischen Form des Wappenschildes einen aufgerichteten, nach rechts schreitendem, züngelndem Löwen wie er auf dem Siegel des Wolfs von

Echterdingen aus dem Jahr 1406 dargestellt ist. Im Oberwappen ist **eine nur fünfzackige Krone** über dem herschauenden, halben Löwen mit spitzen Ohren, schlankem Hals, herausstreckender Zunge, erhobenen Vorderpranken sowie drei heiligen Flammen auf der Brust zu erkennen. Im Gegensatz zum Oberwappen auf Michael Otts Schaumünze (Abb. 23 Revers) aus dem Jahr 1522 ist hier kein Otter dargestellt und es fehlen links die Sanduhr, rechts die nach unten gekehrten und gekreuzten Schwerter, sowie die Inschrift[4].

Abb. 24: Wappen des Michael Ott von Echterdingen in: Otto von Alberti, Württembergisches Adels- und Wappenbuch, Bd. 1, Stuttgart 1889-1898. Die Zeichnung des Wappens erfolgte nach der Darstellung im Siebermacher´schen Wappenbuch. Aufnahme Landesarchiv Baden-Württemberg, Hauptabteilung Staatsarchiv, Stuttgart.

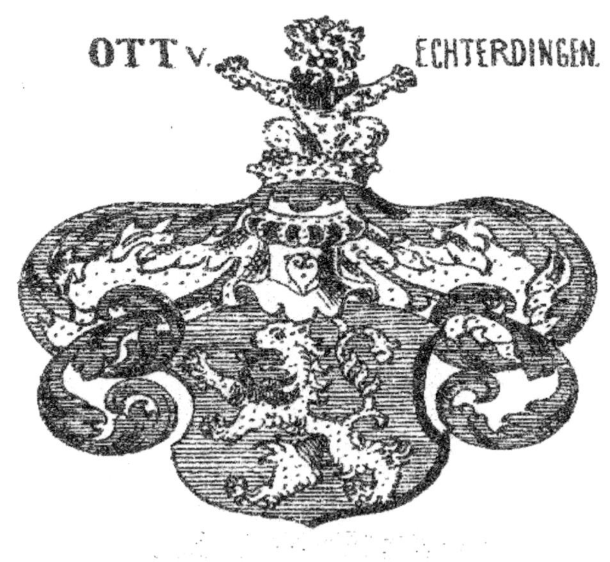

Abb. 25: Wappen des Michael Ott von Echterdingen in: Gustav Adelbert Seyler, Abgestorbener Württembergischer Adel, Nürnberg 1911.
Aufnahme Landesarchiv Baden-Württemberg, Hauptabteilung Staatsarchiv, Stuttgart.

Im Wappen von Michael Ott von Echterdingen in dem Buch: Abgestorbener Württemberger Adel von Gustav Seyler aus dem Jahr 1911 ist im Wappenschild ist ein springender, nach rechts schreitender Löwe zu erkennen. Im Oberwappen ist eindeutig ein, auf einem Thron sitzender, ganzer Löwe mit Löwenmähne und weit erhobenen Vorderpranken zu sehen.

Bei seiner Medaille aus dem Jahr 1522 (Abb.23) ist im Oberwappen ein Fischotter zu erkennen. In der Heraldik hat der Löwe jedoch eine höhere Stellung. Vielleicht wurden von diesem Aspekt her im Wappenbuch (Abb. 24+25) ein Löwe dargestellt.

2.05 Siegel aus dem Jahr 1518

Bei Otts Siegel aus dem Jahr 1518 ist ebenfalls nur eine fünfzackige Adelskrone zu sehen. In der Nachzeichnung (Abb.25) des Siegels aus dem Jahr 1518 von Jakob Smirnov ist die fünfzackige Krone deutlich unter dem halben Löwen zu erkennen.

Die Freiherrenkrone war ein Rangabzeichen, sie stand Michael Ott von Aechtertingen nicht sofort nach seiner Erhebung in den Adelsstand zu [4]. Auf den Siegeln der „Herren von Echterdingen" ist ein halber, heraldisch rechts blickender Löwe zu erkennen. In Michael Otts Brief an den Görzer Zeugwart Hans Würzburger aus dem Jahr 1514, ist das Siegel schlecht erhalten. In seiner Magisterarbeit hat Herr Jakob Smirnov das Siegel Otts an einem Brief vom 1. Mai 1518 beschrieben und zur besseren Erklärung nachgezeichnet. Das Siegel zeigt im Schild einen, heraldisch betrachtet, nach rechts schreitenden Löwen, über ihm ein rechts gewendeter Spangenhelm mit Helmdecke, gekrönt mit einer gewöhnlichen Adelskrone und geziert mit einem ebenfalls rechts gewendeten, halben Löwen. Die Umschrift auf dem Siegel lautet: MICHAYELIS OTTONIS DE AECHTERTINGEN.

Abb. 26: Siegel des Michael Ott von Echterdingen (Aechtertingen) auf einem Brief aus dem Jahr 1518. Nachzeichnung des Siegels durch Jakob Smirnov, Historisches Institut der Universität Stuttgart.

2.06 Aufstieg anhand seiner Titulierungen

Im Jahr 1504 erscheint der Name Michael Ott im Raitbuch (Rechnungsbuch) der Innsbrucker Regierung unter Dienstbezüge und Unterhalt:

„Micheln Othen kunglicher maiestat zewgschreiber an seinem Liuergeld Sechszehn Gulden Reinisch… Artlerey und Zewgs Ausgag Ainundfunfzig Gulden Rheinisch lawt zwaiter Quittung der baider datum sind am Sechzehenden tag Juni anno quarto“.

In diesem Zusammenhang wird er zum ersten Mal als Zeugschreiber genannt.

1498 Kanzleischreiber am Stuttgarter Hof

1504 Zeugschreiber und Zeugwart in Innsbruck.

1505 Nennung als Zahlenschreiber. Ott ist im HRR unterwegs.

1508 Zeugschreiber im kaiserlichen Heer und Zeugwart in Trient.

9. August 1510 Oberster Feldzeugmeister.

22. April 1511 Feldzeugmeister und Pfleger von Schloss Sigmundskron bei Bozen.

30. August 1511 Oberster Feldzeugmeister und Pfleger von Schloss Sigmundskron.

4. Februar 1515 Kriegsrat und Oberster Hausfeldzeugmeister in Italien

4. Februar 1515 Kriegsrat sowie Oberster Hausfeldzeugmeister.

10. Februar 1516 Kriegsrat und Oberster Hauszeugmeister der österreichischen Länder.

Als Zeugschreiber verdient Ott jährlich 60-70 Gulden. Der Sold eines Feldzeugmeisters beträgt jedoch 50 Gulden monatlich und der, eines Obersten Feldzeugmeister 300 Gulden. Als Rat von König Ferdinand I. nimmt Michael Ott am Reichstag 1530 in Augsburg teil.

Michael Ott stieg zum Obersten Feldzeugmeister des Reiches auf d.h. er war Verwalter aller Zeughäuser des Reiches und befehligte die Artillerie bei einem Feldzug.

Diese hohe Position hatte Michael Ott von 1515 unter Kaiser Maximilian I. und Kaiser Karl V. bis zu seinem Tod 1532 in Bad Wildbad im Schwarzwald inne.

2.07 Genealogie der Familie Ott und Namensvarianten von Michael Ott

Michael Ott von Echterdingen

Geboren: lt. Urfehde als Michael Ott in Kirchheim/Teck.
Geadelt um 1513 von Kaiser Maximilian I.
Wohnsitz: Seit 1510 Schloss Sigmundskron bei Bozen.
Gestorben: Anfang Januar 1532 während einer Kur in Bad Wildbad/Schwarzwald.   Grabstätte: unbekannt.

1. Ehefrau: Klara (Katharina) geb. von Westerstetten.
(angesehenes schwäbisches Adelsgeschlecht aus Ulm.)
Witwe.

Heirat 1510 mit Michael Ott. Klara brachte eine Tochter mit in die Ehe und starb um1525. Die Ehe mit Ott blieb kinderlos.

2. Ehefrau: Maria (Enora) von Stein.

Heirat im Mai 1526. Die Ehe blieb auch kinderlos und war nicht glücklich. Dies drang bis zum Hof in Innsbruck. Nach Otts Tod 1532 stritt sie sich mit Kaiser Karl V. um ihr Leibgeding. Schließlich erhielt sie 100 Rheinische Gulden.

Schwiegersohn: (Mann der Stieftochter) **Thomas Heß.**
Forstmeister in Schorndorf.

Bruder: (älterer) **Lorenz Ott.**
Er war in königlichen Diensten tätig.

Neffe: Jakob Ott. Stadtschreiber in Bad Kreuznach

Bruder: (jüngerer) **Hans (Johann Otho) Ott von Echterdingen** (Johann Ritter von Ott zu Echterdingen).
Geadelt: 1524 von Kaiser Karl V.
Verheiratet: mit Maria Rummel von Lichtenau (von Rummel ein angesehenes Patriziergeschlecht aus Nürnberg).
Zeughausverwalter in Innsbruck. Bei längerer Abwesenheit von Michael Ott beaufsichtigte Hans Ott Schloss Sigmundskron mit seinem wichtigen Zeughaus an der Etsch. Nach Michaels Tod wurde er Zeughausmeister auf Schloss Sigmundskron.
Grabstätte mit Ehefrau: in der Kirche von Ried im oberen Inntal.

Schwester Agnes Ott:
verheiratet mit Graf Michael, dem Schicken von Hochschlitz (Adelsgeschlecht von Pfau-hausen und Steinbach: heute Wernau / Kreis Esslingen?). Die Herren von Hausen wurden auch Hochschlitz genannt und waren Ministeralien der Herzöge von Teck.

Verwandte:

Vetter: Peter Schott: Gefängniswärter auf Burg Hohenurach.

Vetter Michel Schott: Kaufmann in Bad Urach. In Bad Urach verfasste Michael Ott 1503 den „Trostbrief" an den, auf der

Burg Hohenurach abgesetzten und inhaftierten Ex-Kanzler Doctor Konrad Holzinger. Daraufhin wurden Michael Schott und die Gebrüder Schott verhaftet.

Schwager: Hans Dietrich von Westerstetten: Er wurde während des Baueraufstandes in Weinsberg im Jahr 1525 mit anderen Adligen von den Bauern durch die Spieße gejagt.

Utz Dietgen von Westerstetten.

Tante? Schwester? Barbara Ott: Geburtsort: Stuttgart.

Sie wurde 1492 die 2. Ehefrau des Cannstatter Vogts Konrad Vaut, den Herzog Ulrich von Württemberg und Teck 1517 auf dem Markplatz in Stuttgart öffentlich hinrichten und vierteilen ließ.

Dietrich Späth: Obervogt von Urach (schwäbisches Adelsgeschlecht der von Speth).

Jakob Staufer von Blosenstaufen: Obervogt von Göppingen.

Im Jahr 1594 wird der Mannesstamm, derer **„von Echterdingen"**, im Tiroler Adelsverzeichnis gelöscht.

Unterschriften / Namensvarianten

Es existieren folgende Namensvarianten:

Michael Ott von Echterdingen (heutige Schreibweise von Echterdingen)
Michel Ott (1503 Urfehdebrief)
Michael Ott von Achtertingen (Unterschrift nach Nobilitierung im Jahr 1514)
Michayelis Ottonis De Aechtertingen (Siegel 1518)

Michael Ott von Aechtertingen (auf seiner Medaille ist das
AE bei AECHTERTINGEN ligiert, 1522)
Michael Ott von Achterdingen (Buch der Tiroler
Geschlechter, 1524)
Michell Ott (Kriegssekretär Peter Stern von Labach bei der 1.
Türkenbelagerung Wiens, 1529)
Michael Ottenn vonn Achterdingenn (Kriegsbuch Otts aus
dem Jahr 1530) [2].

Am 14. Dezember 1508 schrieb Michael Ott einen Brief an
Zyprian von Serntein, der ab 1509 das Amt des Kanzlers
innehatte. Das Schriftstück ist mit **„Euer Gnaden williger
Diener Mich^ael Ott"** unterzeichnet. Das **„a"** bei Michael ist
in einem Schnörkel hoch gesetzt [2] und bedeutet nur ein
Lautzeichen (kein Buchstabe).

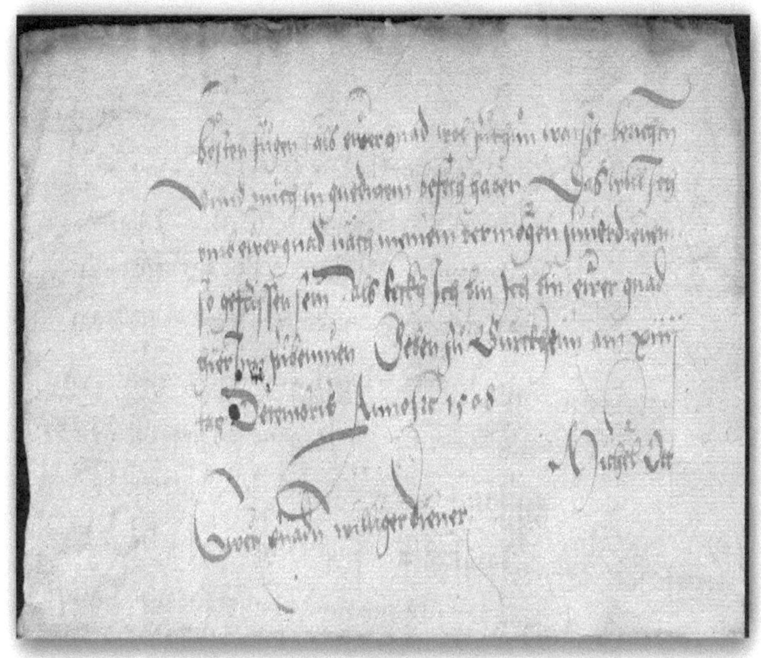

Abb. 26: Unterschrift von Michael Ott in einem Brief an Zyprian von Serntein vom 14. Dezember 1508, Innsbruck, Tiroler Landesarchiv, Kunstsachen I 450.

Ein Jahr nach der Eroberung der französischen Städte Thérouanne und Tournai im Jahr 1513 unterschrieb Michael Ott am 3.11.1514 in einem Brief an den Görzer Zeugwart zum ersten Mal mit **„Mich[a]el Ott von A[e]chtertingen"** (Abb.10). Die hochgestellten a und e bedeuten Lautzeichen (keine Buchstaben). Es existiert auch ein Brief an den Stuttgarter Hof aus dem Jahr 1531, den er eigenhändig mit Mich[a]el Ott von A[e]chtertingen unterschrieb, während er im Adelsverzeichnis aus dem Jahr 1524 ohne Lautzeichen als „von Achterdingen" genannt wird.

Abb. 27: Brief von Michael Ott an den Görzer Zeugwart Hans Würzburger vom 3. November 1514 mit der Unterschrift Mich^a el Ott von A^e chtertingen und dem lateinischen Zusatz „manu propria subscripsit" (von eigener Hand unterschrieben). Urkunde AUR 1514 XI 3, Haus-, Hof- und Staatsarchiv, Wien.

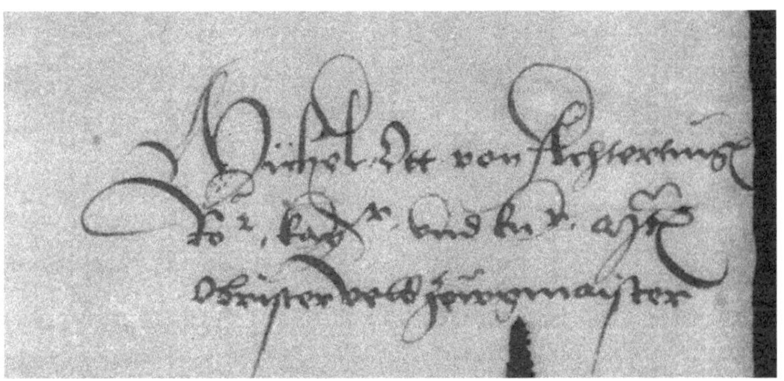

Abb. 28: Michael Ott unterschrieb 3. Juni 1531 in einem Brief an König Ferdinand I. mit seinem vollen Titel: Michel Ott von Achtertingen, Ro(mische)r kay(serliche)r vnd ku(nigliche)r M(ajesta)ten Obrister Veldze^w (u)gmaister. (Gemeint sind die römisch-kaiserliche Majestät Karl V. und die römisch-königliche Majestät Ferdinand I; bei Obrister Veldze^w (u)gmaister ist das w ein Lautzeichnen und entspricht einem u.) A 155 Bü 16, Landesarchiv Baden-Württemberg, Hauptstaatsarchiv, Stuttgart.

2.08 Verwalter von Schloss Sigmundskron in Tirol

Auf Grund seiner treuen Dienste wurde Michael Ott von Kaiser Maximilian zum Pfleger der Festung Sigmundskron bei Bozen ernannt. Schloss Sigmundskron war eine strategisch wichtige Festung an der Etsch bei Bozen, nahe dem Zufluss des Eisacks. Die mächtige Burganlage besaß ein großes Zeughaus, in dem Geschütze für einen italienischen Kriegszug bereitstanden.

Michael Ott übernahm die Festung Sigmundskron von dem bisherigen kaiserlichen Rat Adam von Weineck. Die Übernahme beinhaltete auch die Pflegschaft des Schlosses. Dafür musste Ott an Adam von Weineck 2000 Pfandgulden bezahlen. Diesen Betrag musste Ott bei der Raitkammer in Innsbruck hinterlegen. Aus Unterlagen vom 22. April 1511 ist zu entnehmen, dass es um Harnische für Otts vier Trabanten geht, in denen er als Feldzeugmeister und Pfleger von Schloss Sigmundskron genannt wird. Die wirkliche Übergabe an Ott geschah erst am 23.Dezember 1511. Da bekam Adam von Weineck sein Geld. Michael Ott erhielt laut Vertrag: Schloss und Pflege Sigmundskron mit allem Nutzen, Renten, Zinsen, Diensten, Gefällen, Wandeln, Buße, Herrlichkeit, Obrigkeit und Gerechtigkeit auf Lebenszeit.

Ott wurde zum Verwaltungsbeamten und Richter. Er erhielt die Leistungen seiner Untertanen und die Einnahmen der Strafgelder. Außerdem wurde ihm das Fischrecht in der Etsch zugesichert und er durfte zollfrei Wein aus Italien importieren. Michael Ott ließ Weinberge an den Hängen der Etsch anlegen. An der großen Brücke über die Etsch beim Ort Sigmundskron durfte Ott von jedem Reisenden Brückenzoll verlangen.

Abb. 29: Schloss Sigmundskron bei Bozen in Südtirol im Jahr 2016, heute Messner-Mountain-Museum, MMM Firmian, Fotograf Georg Tappeiner.

Das Amt in Bozen verpflichtete Michael Ott, für die Burghut und die anfallende Ausbesserung des Schlosses zu bezahlen. Kaiser Maximilian veranlasste, dass Michael Ott jährlich 200 Gulden bekam. Nach Otts Tod sei seiner Ehefrau Katharina (Klara) von Westerstetten 50 Gulden als Leibgeding (Versorgung einer Witwe) auf Lebzeiten auszuzahlen. Der Kaiser befahl, dass sämtliche Knechte, Trabanten und der Kaplan Otts zu Bozen und Verona von den dortigen Arbeitsstellen nach Sigmundskron kommen sollten und von nun an Michael Ott unterstanden.

Als Gegenleistung für Schloss Sigmundskron verpflichtete sich Michael Ott, das gut befestigte Schloss stets zur

Verfügung des Hauses Habsburg zu halten und keinen Krieg von dort aus gegen ihn zu führen.

Kaiser Maximilian schenkte Michael Ott von Echterdingen für seine Verdienste auch ein Silberbergwergwerk bei Markirch (Sainte-Marie-aux-Mines) am Fluss Leber (Lièpvrette) in den Vogesen.

Um 1510 heiratete Michael Ott die Witwe Katharina (Klara) von Westerstetten. Sie brachte eine Tochter mit in die Ehe. Michael Ott zog 1511 mit seiner Familie in sein Schloss Sigmundskron. Im Mittelalter waren weite Gebiete am Etsch-Ufer noch nicht trockengelegt. 1525 starb Katharina von Westerstetten an Sumpffieber (Malaria). Ende Mai 1526 heiratete Ott die junge Enora (Maria) geb. von Stein. Michael Ott besaß keine leiblichen Kinder.

Schloss Sigmundskron war die offizielle Residenz von Michael Ott und seiner Frau. Einen zweiten Wohnsitz besaß er im Zeughaus in Innsbruck. Als Erben setzte Michael Ott seinen Bruder Hans Ott von Echterdingen insbesondere für Schloss Sigmundskron ein. Hans Ott übernahm die Leitung des Zeughauses in Innsbruck während der Abwesenheit seines Bruders Michael. Hans Ott von Echterdingen starb 1554. Von Michael Otts zweitem Bruder Johann Ott, ist wenig bekannt. Er beaufsichtigte Schloss Sigmundskron, wenn Michael Ott auf einem Kriegszug war. Agnes Ott, eine Schwester, war mit Schicken von Hochschlitz verheiratet. Katharina (Barbara) von Echterdingen, ebenfalls eine Schwester, war die 2. Frau des Cannstatter Vogts Konrad Vaut, den Herzog Ulrich 1516 auf dem Hohenasperg foltern und auf dem Stuttgarter Marktplatz vierteilen ließ.

Teil 3 Das Kriegsregiment und die Neue Kriegsordnung

Unter Kaiser Maximilian kam es zu zahlreichen Reformen, so auch zur Einteilung des Reiches in sogenannte Reichskreise, die aus überterritorialen Einheiten gebildet wurden, welche auch mehrere Landesherren umfassen konnten. Michael Ott von Echterdingen hatte bei seinen Kriegszügen große Distanzen auf dem Pferd oder zu Wasser innerhalb des Reiches zurückzulegen. Abbildung 29 zeigt die Ausdehnung des Heiligen Römischen Reiches Deutscher Nation im Jahr 1512 unter Kaiser Maximilian I.

In den Jahren von 1524 bis 1530 wurden von Michael Ott und seinem Adjutanten Jakob Preuß das Kriegsregiment bzw. die Kriegsordnung verfasst. Jakob Preuß war Leutnant und Feldzeugdiener der Artillerie des sächsischen Kurfürsten Johann der Beständige. Um 1530 erschienen Handschriften, die als Kriegsregiment bezeichnet werden. Max Jähns vermutet, dass das Kriegsregiment als eine Art Instruktionsbuch für den Schwäbischen Bund in den Jahren des Bauernkrieges 1524-26 geschrieben wurde. Danach erschien Michael Otts Werk mit Kürzungen, Erweiterungen und Nachträgen.

Abb. 30: Landkarte des Heiligen Römischen Reiches Deutscher Nation im Jahr 1512; das Reich ist in 10 Reichkreise eingeteilt, weiße Territorien sind reichsfrei, aus dem Historical Atlas von William R. Shepard, Verleger Henry Holt & Co, New York, 1911.

https://de.wikipedia.org/wiki/Heiliges Römisches Reich # media/File: Map of the Imperial Circles (1512)-de.png   Autor: Silverhelm.

Das Kriegsregiment besteht im Wesentlichen aus drei Teilen:

a.) Besatzungs-Geschütz- und Wachordnung, Aufgaben bei der Belagerung, Abziehen im Notfall, Hinweise zur Besetzung des Kriegsrates.

b.) Artillerieordnung und Beschreibung der verschiedenen Geschütze, Soldzahlung für Büchsenmeister und anderer Fachkräfte innerhalb der Artillerie sowie die Eide.

c.) Fußknechtordnung, die Eide der Söldner und die Musterungsanforderungen, monatliche Kostenaufstellung für einen Geschützpark [54,55].

Die Handschriften sind inhaltlich gestaltet als „Eyn Gesprech eynes alten Kriegsmans mit eynem jungen Hauptman [4]". Den alten und erfahrenen Kriegsmann stellte Michael Ott dar und den wissbegierigen Hauptmann sein Adjutant Jakob Preuß. Das Kriegsregiment wurde mehrmals niedergeschrieben und als Buch gedruckt. Am Anfang hielt sich Michael Ott als Verfasser des Kriegsregiments bedeckt. Diese Aufzeichnungen waren jedoch Michael Ott gewidmet. Der Schreiber nannte sich ein Freund Otts und legte es ihm zur Prüfung und Korrektur vor. Einige Ausgaben des Kriegsregiments enthielten Anlagen wie z.B. „Aufruf gegen die Türken", „Aufruf zur Reichs- und Adelsreform" oder „Feuerwerkbuch".

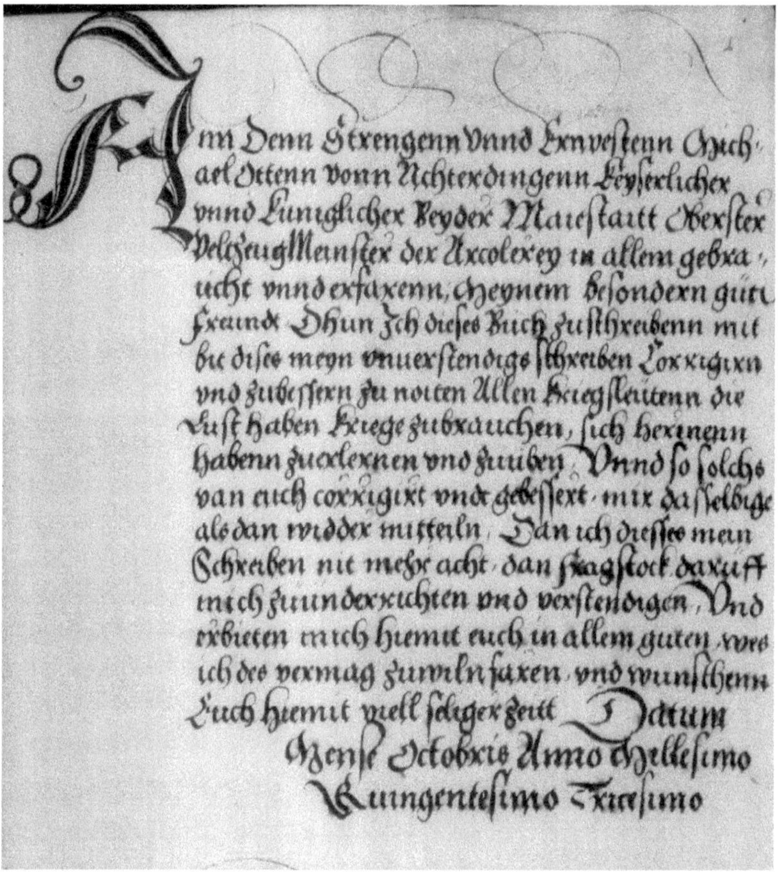
Ann Denn Strengenn Vnnd Ernvestenn Mich-
ael Ottenn vonn Achterdingenn Keyserlicher
vnnd kunigklicher beyder Maiestatt Oberster
Veldtzeugmeinster der Arcoleray in allem gebra-
ucht vnnd erfarenn, Meynem besondern gutt
fraundt. Thun Ich dieses buch zuschreibenn mit
bit diss meyn vnuerstendigs schreiben Corrigirn
vnd zubessern zu notten Allen Kriegsleutenn die
lust haben Kriege zubrauchen, sich bereinenn
habenn zuerlernen vnd zuuben. Vnnd so solchs
van euch corrigirt vnd gebessert, mir dasselbige
alsdan widder mitteiln. Dan ich diesses mein
Schreiben nit mehr acht dan fragstock darauff
mich zuunderrichten vnd verstendigen. Vnd
erbieten mich hiemit euch in allem guten, wes
ich des vermag zuwilnfaren, vnd wunschenn
Euch hiemit vill seliger zeitt. Datum
Mense Octobris Anno Millesimo
Quingentesimo Tricesimo

Abb. 31: Titelblatt des Kriegsbuches (Artillerie und Besatzung) von Michael Ott, Oktober 1530, Neuburg, Österreich, Universität Heidelberg, digit/cpg 123/ 0009, CC-BY-SA 3.0

Neue Kriegsordnung:

Parallel zu den Handschriften ging das Kriegsregiment als Kriegsordnung in Druck [4]. In seiner Kriegsordnung forderte Ott u.a. für ein Heer von 20 000 bis 30 000 Mann 55 fahrbare Geschütze. Jakob Preuß´ Aufgabe umfasste das Schreiben der

Handschriften und er ließ sie mit dem Wappen des Empfängers verzieren. Michael Ott übergab das Kriegsregiment bzw. die Kriegsordnung Luther-orientierten Fürsten und hochrangigen Persönlichkeiten. Es existieren Handschriften des Kriegsregiments in Darmstadt mit dem Wappen des Grafen von Solms-Münzenberg. In Weimar liegt eine Ausgabe, welche Anton Fugger gewidmet ist, sowie eine Aufzeichnung mit dem Wappen des Grafen von Wertheim aus Kassel.

Kriegs

Ordnung New
gemacht.

VОn Besatzung der Schlösser / was darzů gehört / vñ tröst-
lich ist. Articulßbrieff der Kriegßleut / sampt deroselbigen Eyde: Wieuil vñ
was leut darzů zuprauchen / Ordnung vñ Regiment der Artelarei / oder Geschütz / des Kriegßraths / der wacht / vnd was Erlich / oder nit in Besatzun-
gen gehandelt werden mag / von allen geschlechten der Püchsen / vnd jren
wägen / so in eyn Zeugkhauß nottürfftig / was vnkostens an Puluer /
vnd anderm darauff geet. Wieuil pferd man darzů haben můß /
sampt eynem nachuolgenden Regiment / eyns gewaltigen
Veldtzůgs / vnnd aller Munition / die man darzů
bedarff / mit weitterer dapfferer anzey-
ge / fast dienstlich in Kriegß-
leuffen.

Abb. 32: Michael Ott von Echterdingen, Jakob Preuss, Kriegs Ordnung New gemacht, Hieronymus Rodler, Simmern, 1534, Württembergische Landesbibliothek, Stuttgart, Signatur HBb 261.

Teil 4 Der militärische Reformer

Der von Herrn Doktor Jegel verfasste Artikel über Michael Ott von Echterdingen erschien 1943 im Archiv für Reformationsgeschichte (Forschungen zur Geschichte des Protestantismus und seiner Weltwirkung). In ihm wird Michael Ott als früher Vorläufer des Lazarus von Schwendi bezeichnet. Lazarus von Schwendi (1522 - 1583) war Diplomat, Staatsmann, kaiserlicher Feldhauptmann und General in Diensten der Kaiser Karl V., Maximilian II. und Ferdinand I. Er war katholisch geblieben, rief aber in verschiedenen Denkschriften zur Toleranz der Konfessionsgruppen auf. Er plädierte für eine Wehrverfassung basierend auf Reichskreisen unter dem Kaiser sowie eine Stärkung der kaiserlichen Macht unter Zurückdrängung der fürstlichen Rechte.

Michael Ott von Echterdingen war ein Unterstützer des Reichsritters Franz von Sickingen und vielleicht ein heimlicher Anhänger Martin Luthers gewesen. Es gibt jedoch keine schriftlichen Belege dafür, dass er direkt Stellung zu Glaubensfragen bezogen hat. Dies hing wohl auch mit seiner Position als Oberster Feldzeugmeister und Rat des Heiligen Römischen Reiches Deutscher Nation zusammen. Kaiser Karl V. hätte niemals einen Ketzer in diesen hohen Ämtern geduldet [2].

Im Krieg gegen die Osmanen strebte Michael Ott von Echterdingen wie Franz von Sickingen die Schaffungen eines starken Reichsheeres an. Die Geldmittel dafür sollten durch Säkularisation der geistlichen Fürstentümer, Stifte, Klöster und Orden sowie durch einen „gemeinen Pfennig" gewonnen werden. Das Reich sollte nicht wie bisher durch teuer angeworbene schweizerische Landsknechte verteidigt werden, sondern durch heimische Bauern und Städter.

Michael Ott von Echterdingen und Reichsritter Frank von Sickingen, ein treuer Anhänger von Martin Luther, waren für eine Stärkung des Reichsheeres durch die Säkularisierung der Kirche. Das Geld aus der Säkularisation sollte nach Abschaffung der teuren Landsknecht-Heere, zum Aufbau eines schlagkräftigen Reichsheeres führen, um somit die „Eilige Türkenhilfe" aufzustocken. Michael Ott sah vorher, dass das Expansionsbestreben der Osmanen nach dem Abzug von Sultan Süleyman und seines Heeres im Jahr 1529, nicht zu Ende war. Im Jahr 1683 gab es einen erneuten, erfolglosen Versuch durch den Großwesir Kara Mustafa Pascha im Auftrag von Sultan Mehmet IV., die Stadt Wien einzunehmen. In der berühmten Schlacht am Kahlenberg am 12.September 1683 schlug der polnische König Johann III. mit einem Entsatzheer die Armee des Großwesirs.

Teil 5 Zusammenfassung

Bis vor kurzem ist man davon ausgegangen, dass Michael Ott von Echterdingen aus dem Ort Echterdingen stammt. Neueste Recherchen ergeben folgende Erkenntnisse: Anhand seiner Schaumünze, die Kaiser Karl V. 1522 von ihm prägen ließ, zeigt, dass **Ott im Jahr 1479 geboren wurde**. Michael Otts Urfehde aus dem Jahr 1503, die erst 2010 / 2011 im Staatsarchiv in Stuttgart entdeckt wurde, ergibt den Hinweis auf seine **Geburtsstadt: Kirchheim unter Teck.**

Aufgrund seiner Verdienste setzte Kaiser Maximilian I. Michael Ott 1511 als **Pfleger von Schloss Sigmundskron bei Bozen** ein. Hier wohnte Michael Ott oder im Zeughaus in Innsbruck. Er war verheiratet mit Katharina von Westerstetten (†1525) und ab Mai 1526 mit Enora (Maria) von Stein. Michael Ott hatte keine leiblichen Kinder.

Nach der erfolgreichen Schlacht bei Guinegate im Jahr 1513 nobilitierte der Kaiser Michael Ott. Er durfte sich fortan „Michael Ott von Aechtertingen" bzw. „Michael Ott von Echterdingen" nennen. Im Zuge seiner Erhebung in den Adelsstand erhielt Ott ein Wappen und ein Siegel, welche an die der Ortsadeligen von Echterdingen angelehnt sind.

Kaiser Maximilian I. schenkte Michael Ott von Echterdingen für seine Verdienste ein Silberbergwerk bei Markirch (Sainte-Marie-aux-Mines) am Fluss Leber (Liépvrette) in den Vogesen.

Nach dem Tod Kaiser Maximilian I. behielt Michael Ott von Echterdingen unter dem jungen Kaiser Karl V. seine hohe Stellung als Oberster Feldzeugmeister der österreichischen Länder und Kriegsrat.

Im Jahr 1532 starb Michael Ott von Echterdingen während einer Kur in Bad Wildbad im Schwarzwald.

Militärischer Aufstieg

Im Kampf gegen die Pfälzer um die Eroberung der Stadt und Feste Kufstein im Jahr 1504, versorgte Michael Ott König Maximilian I. mit Waffen aus dem Zeughaus in Innsbruck und mit frischen Pferden zum Transport der Kanonen entlang des Inns.

Michael Ott kämpfte im Auftrag Kaiser Maximilians I. wiederholt gegen die Republik Venedig (1508 - 1516).

Im Jahr 1511 wurde Michael Ott zum Obersten Zeugmeister aller Zeughäuser im Reich berufen. Im Krieg war er Oberster Feldzeugmeister und hatte den Rang eines Feldmarschalls inne.

Zur Herstellung des „Ewigen Landfriedens" im Reich beschoss und eroberte Ott mit seiner mauerbrechenden Artillerie die Burg Hohenkrähen des Raubritters Hans Benedikt Ernst von Friedingen im Hegau im Jahr 1513.

Michael Ott kämpfte erfolgreich mit Kaiser Maximilian I. und dem englischen König Heinrich VIII. um die Besitztümer des französischen Königs Ludwig XXI. so 1513 in der sog. Sporenschlacht bei Guinegate und der anschließenden

Eroberung der strategisch wichtigen französischen Städte Thérouanne und Tournai.

Michael Ott und der Schwäbische Bund vertrieben Herzog Ulrich I. von Württemberg und Teck nach dem Überfall auf die freie Reichsstadt Reutlingen aus seinem Königreich. So u.a. durch die Eroberung der Festung Hohenasperg im Jahr 1519.

Mit Georg III. Truchsess von Waldburg-Zeil half Michael Ott von Echterdingen, den Bauernaufstand im Südwesten 1525 niederzuwerfen z.B. in der Schlacht bei Böblingen und Sindelfingen.

Im Jahr 1527 kämpfte Michael Ott unter Erzherzog Ferdinand I.. in Ungarn gegen den Woiwoden von Siebenbürgen Johann Zápolya in der Schlacht bei Tokaj, um für die Habsburger den ungarischen Thron zurückzu-bekommen.

1529 verteidigte Michael Ott von Echterdingen in Wien erfolgreich mit der kaiserlichen Artillerie den Abschnitt um das Kärntner Tor gegen die Angriffe Sultans Süleyman (erste Belagerung von Wien).

Michael Ott von Echterdingen nahm an folgenden Krönungsfeierlichkeiten teil:

1508 an der Kaiserkrönung König Maximilians zum „Erwählten Römischen Kaiser" in Trient.

1520 an der Kaiserkrönung Karl V. in Aachen. Mit dem jungen Kaiser und Erzherzog Ferdinand I. besuchte Michael Ott den Wormser Reichstag 1521 (Martin Luther).

1527 an der Krönung Ferdinand I. erst zum König von Böhmen und zum König von Ungarn in Stuhlweißenburg (Székesfehérvár).

Literarisches Werk

Michael Ott von Echterdingen schrieb mit seinem Adjutant Jakob Preuß zwischen 1524 und 1526 eine Art Instruktionsbuch für die Artillerie mit dem Titel „Kriegsregiment". Diese Handschriften wurden als Bücher unter dem Titel „Kriegsordnung" herausgebracht.

Teil 6 Zeittafel

Michael Ott / Europäische Ereignisse

1479: Michael Ott wird in Kirchheim unter Teck geboren

1486: Krönung Maximilian I. in Aachen zum erwählten römisch-deutschen König

1493: König Maximilian I. wird Herr der Habsburger Erbländer

1493: Heirat Maximilians mit Bianca Maria Sforza, Tochter des Herzogs von Mailand

1498: Kanzleischreiber am Stuttgarter Hof

1500: Herzog Ludovico Sforza verliert Mailand an die Franzosen

1503: Verhaftung bei Tübingen, muss die Urfehde schwören und Württemberg verlassen

1504: Zeugschreiber in Innsbruck
1504 / 5: Bayerisch-pfälzischer Erbfolgekrieg u.a. die Belagerung von Kufstein

1505: Als Zahlschreiber im Reich unterwegs

1508/16: Großer Krieg gegen die Republik Venedig

1508: Zeugschreiber im kaiserlichen Heer, Zeugwart in Trient, Krönung Maximilians I. zum römisch-deutschen Kaiser in Trient

1510 *Tod von Kaiserin Bianca Maria Sforza,* Oberster Feldzeugmeister, Heirat mit der Witwe Katharina (Clara) von Westerstetten

1511: Pfleger und Feldzeugmeister von Schloss Sigmundskron bei Bozen

1512: Belagerung der Burg Hohenkrähen im Hegau

1513: Ott wird dem englische König Heinrich VIII. vorgestellt. Sporenschlacht bei Guinegate.

1513 / 14: Nobilitierung zu Michael Ott von Echterdingen

1515: Oberster Hausfeldzeugmeister und Kriegsrat sowie Hauszeugmeister in Italien

1516: Kriegsrat und Oberster Hauszeugmeister der österreichischen Länder

1519: Tod von Kaiser Maximilian in Wels

1519: Krieg gegen Herzog Ulrich von Württemberg, u.a. Belagerung der Burg Hohenasperg

1520: Krönung Karl V. in Aachen

1521: Wormser Reichstag, Krieg gegen Frankreich, Kur in Bad Wildbad/Schwarzwald

1524 / 5: Teilnahme am Bauernkrieg u.a. in Württemberg, Kur in Bad Wildbad/Schwarzwald

1525: In der Schlacht bei Pavia wird König Franz I. von Frankreich durch das kaiserliche Heer gefangengenommen.

1525 / 26: Katharina von Westerstetten stirbt, Mai 1526 Heirat mit Enora (Maria) von Stein

1526: In der Schlacht bei Mohács wird König Ludwig II. von Ungarn durch das osmanische Heer unter Süleyman I. getötet

1527: Zug nach Ungarn, Krönung Ferdinand I. wird König von Böhmen und Ungarn

1527: Erkrankung Georg von Frundsberg in Italien, 1529 Tod des Landsknechtführer

1528: Die Plünderung Roms durch kaiserliche Landsknechte (das Sacco di Roma)

1528: Kampf um das Herzogtum Mailand; Kur in Bad Wildbad / Schwarzwald

1529: Erste Belagerung Wiens durch die Osmanen

1529: Friede von Barcelona (zwischen Papst Clemens VII. und Kaiser Karl V.), Ende des Krieges der Liga von Cognac (zwischen König Franz I. von Frankreich und Kaiser Karl V.)

1530: Rat von König Ferdinand I. beim Reichstag in Augsburg

1531: Gründung des Schmalkaldischen Bundes zur Verteidigung der Reformation

1531: Zur Kur in Bad Wildbad im Schwarzwald

1532: Anfang Januar stirbt Michael Ott von Echterdingen in Bad Wildbad; Grabstätte unbekannt

Teil 7: Literatur

Teil 1 Karriere

Eser, Thomas, Hans Daucher, Augsburger Kleinplastik der Renaissance, Deutscher Kunstverlag, GmbH, München, Berlin, 1996.

Kallfass, Monika, Michael Ott von Echterdingen: Verteidiger von Reich und Glauben, Books on Demand, Norderstedt, 2017.

Kanzleischreiber am Stuttgarter Hof 1498

Graf, Klaus, Frühneuzeit-Blog der RWTH Aachen, Dr. Conrad Holzinger, Gefangener auf Hohenurach (um 1500), und Michel Ott von Echterdingen, 2013.

Verhaftung in Tübingen 1503

Smirnov, Jakob, Michael Ott von Echterdingen, Oberster Feldzeugmeister unter den Kaisern Maximilian und Karl V., Historisches Institut der Universität Stuttgart, 2010 / 2011.

Herkunftsnachweis

Murthum, Adolf, Die einstigen Herren von Echterdingen, deren Geschichte, Burg und Wappen; Michel Ott von Echterdingen, Verlag Karl Scharr, Stuttgart 1985.

Zeughaus in Innsbruck; Aufstieg zum Obersten Feldzeugmeister

Egg, Erich, Illustrierte Geschichte der Artillerie, Kanonen, Verlag Manfred Pawlak, Herrsching, 1975.

Miller, Douglas, Richard, John, Landsknechte 1486-1560, Siegler Verlag GmbH, St. Augustin, 2004.

Garber, Josef, Das Zeughaus Maximilians I. in Innsbruck, Sonderdruck aus dem Wiener Jahrbuch für Kunstgeschichte 5, Dr. Benno Filser-Verlag, GmbH, Augsburg, 1928.

Bayerisch-pfälzischer Erbfolgekrieg 1504-1505

Bleibrunner, Hans, Niederbayern, Band 1, Isar-Post Druck- und Verlagsgesellschaft, mbH, Landshut, 1993.

Knöpfler, Dr. J.Fr. Die Belagerung und Eroberung Kufsteins durch König Maximilian im Jahr 1504, Verlag des Stadtmagistrats Kufstein, 1904.

Lippot, Eduard, Festung Kufstein, Verlag Eduard Lippot, Kufstein, 1972.

Stelzer, Winfried, Die Belagerung Kufsteins 1504, Herausgegeben Heeresgeschichtliches Museum (Militärwissenschaftliches Institut), Wien, Druck J. Wimmer Gesellschaft mbH &Co, Linz 1969.

Nennung als Zahlschreiber 1505

Fellner, Thomas, Kretschmayr, Heinrich, Die österreichische Zentralverwaltung. Abt.1: Von Maximilian I. bis zur Vereinigung der österreichischen und böhmischen Hofkanzlei (1749), Band 2: Aktenstücke 1491-1681, Wien 1907 (Veröffentlichungen der Kommission für Neuere Geschichte Österreichs, 6).

Der große Krieg gegen die Republik Venedig 1508-1516

Hollegger, Manfred, Maximilian I. (1459-1519), Herrscher und Mensch der Zeitenwende, Verlag W. Kohlhammer, Stuttgart, 2005.

Freyberg, Maximilian Prokop von, Sammlung historischer Schriften und Urkunden, Band 3, Cotta, Stuttgart, Tübingen, 1830.

Dumler, Venedig und die Dogen, Artemis & Winkler, Düsseldorf, Zürich, 2011.

Sallaberg, Johann, Kardinal Matthäus Lang, Verlag Pustet, Salzburg, München 1997.

Richter, Christine Monika, Trient - Das Tor zum Süden, Styria regional carthina, in der Verlagsgruppe Styria GmbH. & Co. KG, Wien-Graz-Klagenfurt, 2013

Schnitter, Daniela, Schnitter, Helmut, Feldherren und Kriegsgelehrte: Portraits aus drei Jahrhunderten, Fidis Verlag, Berlin, 1977.

Die Eroberung der Burg Hohenkrähen im Hegau 1512

Carl, Horst, der Schwäbische Bund 1488-1523, DRW-Verlag, Leinfelden-Echterdingen, 2000.

Dobler, Eberhard, Burg und Herrschaft Hohenkrähen im Hegau, Jan Thorbecke Verlag GmbH, Sigmaringen1986.

Feger, Otto, Geschichte des Bodenseeraumes 3: Zwischen alten und neuen Ordnungen, Jan Thorbecke Verlag, Sigmaringen 1981.

Sporenschlacht bei Guinegate 1513

Appel, Sabine, Heinrich VIII., Der König und sein Gewissen, Verlag C.H.Beck, München, 2012.

Baumann, Uwe, Heinrich VIII., Rowohlt Taschenbuch Verlag GmbH, Reinbek bei Hamburg, 1991.

Busch, Wilhelm, Heinrich VIII., Historische Vierteljahrschrift 1910, Englandkriege im Jahr 1513, Guinegate und Flodden, 1. Sonderdruck, Herausgeber Dr. Gerhard Seeliger, Druck und Verlag B.G. Teubner, Leipzig, 1910.

Die Eroberung des Hohenasperg 1519

Bolay, Theodor, Der Hohenasperg, Verlag J. Aigner, Ludwigsburg, 1957.

Haas, Erwin, Die sieben Württembergischen Landesfestungen, Verlag Harwalik, Reutlingen, 1996.

Sauer, Paul, Der Hohenasperg, Fürstensitz-Höhenburg, Bollwerk der Landesverteidigung, DRW-Verlag Weinbrenner GmbH. & Co.KG., Leinfelden-Echterdingen, 2004.

Die Krönung Karls V. zum Kaiser in Aachen und der Reichstag zu Worms 1521

Schätzler, Wolf, Martin Luthers Weg nach Worms, Wormser Verlagsdruckerei Reinheimer GmbH., 1996.

Seitz, Heinrich, Martin Luther auf dem Reichstag zu Worms 1521, Verlag Evangelischer Presseverband, Frankfurt/Mais, 1971.

Der Tod des Reichsritters Franz von Sickingen

Scholzen, Reinhard, Franz von Sickingen, Ein adliges Leben im Spannungsfeld zwischen Städten und Territorien, Verlag des Instituts für pfälzische Geschichte und Volkskunde, Kaiserslautern, 1996.

Steitz, Heinrich, Franz von Sickingen und die reformatorische Bewegung, in Ebernburg-Hefte 2. Folge, 1968, Sonderdruck aus „Blätter für Pfälzische Kirchengeschichte und Religiöse

Volkskunde" 36. Jahrgang, Zechnersche Buchdruckerei, Speyer, 1969.

Wild, Klaus Eberhard, Franz von Sickingen, Ein Ritter in unruhiger Zeit, Sutton Verlag GmbH, Erfurt, 2006.

Der Bauernaufstand in Württemberg 1525

Weismann, Erich, Weinsberger Blut-Ostern 1525, Verlag des Nachrichtenblattes der Stadt Weinberg, Weinsberg, 1992.

Blessing, Manfred, Hoyer, Siegfried, Der Deutsche Bauernkrieg 1524-1525, Militärverlag DDR, Berlin 1987.

Blickle, Peter, Bauernjörg, Feldherr im Bauernkrieg, Verlag C.H.Beck, oHG, München 2015.

Franz, Günter, Der Deutsche Bauernkrieg, Archiv Edition, Viol/ Nordfriesland, 2006.

Kettel, Joachim, Wietzoek, Paul, Der Deutsche Bauernkrieg 1524-1526, Ernst Klett Verlag, Stuttgart, 1983.

Weisert, Hermann, Geschichte der Stadt Sindelfingen 1500-1807, Verlag Adolf Röhm, Sindelfingen, 1963.

Der Krönungsfeldzug von Erzherzog Ferdinand I. nach Ungarn 1527

Baumgartner, Wilhelm Andreas, In den Fängen der Großmächte, Siebenbürgen zwischen Bürgerkrieg und Reformation, Schiller Verlag, Hermannstadt, Bonn, 2010.

Lamb, Harold, Suleiman der Prächtige, Paul List Verlag, München, 1952.

Gooß, Roderich, Die Siebenbürger Sachsen in der Planung deutscher Südostpolitik, Adolf Luser Verlag, Wien, 1940.

Lajos, Dr. Tölgyes, Ungarn, Bollwerk der Christenheit zur Zeit der europäischen Türkenkriege (1300-1790) Amerikanisch-Ungarischer Verlag, Köln, 1957.

Siefert, Fritz, Allahs Krieger in Europa, Novum publishing GmbH, Neckenmark / Österreich, 2010.

Krieg der Liga von Cognac

Hoffmann, Sebastian, Die Friedensverträge von Barcelona und Cambrai 1529, Grin Verlag GmbH, 2010.

Die 1. Belagerung Wiens durch die Osmanen 1529

Niclas Meldemann´s Rundansicht der Stadt Wien während der ersten Türkenbelagerung im Jahre 1529, Herausgeber Geheimrath der k.k. Reichshauptstadt-Residenzstadt Wien, 2. Ausgabe, Verlag Carl Gerold´s Sohn, Wien 1869.

Hummelberger, Walter, Wiens erste Belagerung durch die Türken 1529, Militärhistorische Schriftreihe, Heft 33. Heeresgeschichtliches Museum (Militärwissenschaftliches Museum), Pago-Druck, Wien 1976.

Stöller, Ferdinand, Soliman vor Wien, Sonderdruck aus dem Jahrbuch des Vereins für Geschichte der Stadt Wien für 1929, Wien, 1929.

Waissenberger, Robert, Wien 1529, Die erste Türkenbelagerung, Historisches Museum der Stadt Wien, Hermann Böhlaus Nachf. Ges. mbH, Graz, 1979.

Teil 2 Herkunft, Nobilitierung und Ehrungen

Klagholz, Bernd, Zwischen Atherdingin und Echterdingen liegen 825 Jahre, Filderzeitung, (Beilage der Stuttgarter Zeitung und der Stuttgarter Nachrichten) 23.12.2010.

Siebmacher, Johann, Wappenbuch von 1605, Orbis Verlag, München, Sonderausgabe 1999.

Schloss Sigmundskron

Jegel, August, ein früher Vorläufer des Lazarus Schwendi, Ideen des kaiserlichen Artilleriegenerals Michel Ott von Echterdingen zur Reichs- und Adelsreform (1526), in Archiv für Reformationsgeschichte, Ritter, Gerhard, Verlag Karl W. Hiersemann, Leipzig, 1943, Heft 1 / 3.

Caminiti, Marcello, deutsche Bearbeitung: Riedl, Franz Hieronymus, Die Burgen Südtirols, Verlag Manfrini, Calliano, Italien 1960.

Andergassen, Leo, Stampfer, Helmut, Sigmundskron, Bischofsburg und landesfürstliches Bollwerk, Verlag Schnell & Steiner GmbH, Regensburg, 2014.

Kriegsbuch von Michael Ott

Leng, Reiner, Ars belli, Deutsche taktische und kriegstechnische Bilderhandschriften und Traktate im 15. Und 16. Jahrhundert, Band 1, Wiesbaden 2002.

Jähns, Max, Geschichte der Kriegswissenschaften vornehmlich in Deutschland, Altertum, Mittelalter XV. und XVI. Jahrhundert, Vol.1, München, Leipzig, Verlag R. Oldenbourg, 1889, Reprint Forgotten Books, London, 2018.

Teil 8: Danksagung

Mein Dank geht an die Archive der Städte Bad Kreuznach, Worms, Kirchheim unter Teck, Bad Wildbad, Weinsberg, Ulm, Leinfelden-Echterdingen sowie dem Landesarchiv Baden-Württemberg, Abteilung Staatsarchiv in Stuttgart. Für ihre unbürokratische Hilfe möchte ich Frau Ursula Kümmel vom Stadtarchiv Esslingen erwähnen.

Für ihre freundliche Unterstützung möchte ich mich beim Landesarchiv Tirol und bei den Tiroler Landesmuseen (Zeughaus) in Innsbruck, dem Archiv der Gemeinde Bozen sowie dem Wiener Stadt- und Landesarchiv bedanken. Außerdem danke ich dem Österreichischen Staatsarchiv, Abteilung Haus-, Hof- und Staatsarchiv in Wien für die Beantwortung meiner zahlreichen Anfragen. Ferner danke ich der Bayerischen Staatsbibliothek in München für die Bilder auf dem Cover.

Für die verschiedenen Bilder der Schaumünze Michael Otts aus Bronze und Silber möchte ich mich bei der National Gallery of Art, Sammlung H. Kress, Washington D.C. sowie dem Münzkabinett der Staatlichen Museen zu Berlin bedanken.

Diskussionsbereitschaft über den Herkunftsnachweis Michael Otts anhand seiner Urfehde fand ich bei Herrn Doktor Klaus Graf, dem Geschäftsführer am Hochschularchiv der RWTH Aachen, Herrn Professor Rückert vom Landesarchiv Baden-Württemberg, Abteilung Hauptstaatsarchiv Stuttgart sowie Herrn Doktor Manfred Hollegger von der Österreichischen Akademie der Wissenschaften. Institut für Mittelalterforschung in Graz.

Großen Dank schulde ich Frau Monika von Wurmb für dauernde Diskussionsbereitschaft. Herrn Alfred Jaissle (†) danke ich für die Beurteilung der verschiedenen Briefe von Michael Ott aus dem Mittelalter. Herr Volker Kallfaß hatte immer ein offenes Ohr für alle meine Fragen sowie herzlichen Dank für seine akribische Korrektur meines Manuskripts. Frau Sabine Kühnemann und Herr Josef Mattlinger danke ich für die Durchsicht der Endfassung. Herrn Marcus Mantel, Dipl.-Designer aus 73540 Heubach-Lautern, entwarf routiniert die Umschlagsgestaltung. Herrn Yahuda Shenef danke ich sehr für die wiederholte Aufmunterung, das Buch zu vollenden und für das gekonnte Layout.

<u>Über die Autorin</u>

Monika Kallfass, in Stuttgart geboren, arbeitete viele Jahre als metallographisch-technische Assistentin und Werkstoff-prüferin (Physik) am Max-Planck-Institut für Metallforschung (heute Max-Planck-Institut für Intelligente Systeme) in Stuttgart. Während dieser Zeit publizierte sie mehrere Artikel in wichtigen Fachzeitschriften zur Grundlagenforschung der Systeme der 4. und 5. Nebengruppe des Periodensystems (Titan, Zirkonium, Hafnium bzw. Vanadium, Niob, Tantal) dotiert mit Sauerstoff, Stickstoff oder Kohlenstoff sowie über Nickel-Basis-Legierungen und Keramiken. Ferner führte sie Schadensuntersuchungen an Implantaten, Prüfung einer „antiken" Kupfermünze aus der Zeit des Seleukidenkönigs Antiochos VII. Sidetes, 138-129 v. Chr. sowie physikalische und chemische Untersuchungen an archäologischen Gegen-ständen durch. Hierzu gehörten verschiedene Objekte aus der Bronzezeit / (Armreif aus Nürtingen, 1000 v. Chr.), der Keltenzeit (Pferdegeschirr aus dem Fürstengrab von Hochdorf, späte Hallstatt Zeit, 550-500 v. Chr.) der Römerzeit (diverse Silberobjekte), der spätägyptischen Zeit (Statuetten der Götter Osiris und Isis, 745- 330 n. Chr. und der präkolumbianischen Zeit (Schmuck und Kultgegenstände aus dem Fürstengrab von Sipán/Peru), Moche Zeit 200-800 n. Chr.

Für ihre mikroskopischen Arbeiten und Veröffentlichungen erhielt sie insgesamt 15 nationale und internationale Preise, von denen im Folgenden die Wichtigsten erwähnt werden sollen. So erhielt sie den **Buehler Preis 1987** für den besten technischen Aufsatz in der Fachzeitschrift „Praktische Metallographie" („Practical Metallography") und den „**The 2000 Annual Buehler Technical Paper Merit Award for**

Excellence" in der Fachzeitschrift „Materials Characterization".

Für ihren Beitrag „Corrosion Mechanisms of Archaeological Tin Bronzes" wurde Frau Kallfass **1989 mit dem „Jacquet-Lucas-Award for Excellence in Metallography"** ausgezeichnet. Dieser Preis besteht aus dem **„Pierre Jacquet Gold Medal Award"**, verliehen von der Internationalen Metallographic Society" sowie dem **„Francis F. Lucas Award** der „American Society for Metals".

Nach ihrem Ausscheiden aus dem Berufsleben hat sich Frau Kallfass der biographischen Recherche zugewandt.

Im Jahr 2017 veröffentlichte sie den biographischen Roman mit dem Titel „Michael Ott von Echterdingen – Bewahrer von Reich und Glauben". Michael Ott von Echterdingen war Oberster Feldzeugmeister des Heiligen Römischen Reiches und Kriegsrat unter Kaiser Maximilian I. und Kaiser Karl V. Im Jahr 2019 erschien eine verbesserte Neuauflage des Romans.

Umschlagsgestaltung:

Marcus Mantel, Büro für Gestaltung, 73540 Heubach-Lautern

Layout:

Yehuda Shenef, Augsburg

Abbildung Cover Vorderseite:

Notbüchse auf Lafette mit Kanonenkugeln. Zeugbuch Kaiser Maximilians I., Bayerische Staatsbibliothek, Abteilung Handschriften und Alte Drucke, München, BSB, Cod.icon.222, fol.13v, Innsbruck 1502.

Abbildung Cover Rückseite:

Burg und Herrschaft Hohenkrähen im Hegau. Bayerische Staatsbibliothek, München, Cgm, 896, fol.261a, recto.

ISBN: 978-3-8192-4856-6